研究入微　引负化正

多源型人口导入社区学生负向行为的早期识别与系统干预的研究

刘正群　牛海云　孔　屏等　著

上海大学出版社

·上海·

图书在版编目(CIP)数据

研究入微,引负化正：多源型人口导入社区学生负向行为的早期识别与系统干预的研究 / 刘正群，牛海云，孔屏著. —上海：上海大学出版社，2021.12
ISBN 978-7-5671-4323-4

Ⅰ.①研… Ⅱ.①刘…②牛…③孔… Ⅲ.①社区－青少年犯罪－预防犯罪－中国 Ⅳ.①D669.5

中国版本图书馆 CIP 数据核字(2021)第 269931 号

责任编辑　徐雁华
封面设计　缪炎栩
技术编辑　金　鑫　钱宇坤

研究入微　引负化正
多源型人口导入社区学生负向行为的早期识别与系统干预的研究
刘正群　牛海云　孔　屏等　著
上海大学出版社出版发行
(上海市上大路 99 号　邮政编码 200444)
(http://www.shupress.cn　发行热线 021-66135112)
出版人　戴骏豪

*

南京展望文化发展有限公司排版
江苏德埔印务有限公司印刷　各地新华书店经销
开本 710mm×1000mm　1/16　印张 14.75　字数 197 千字
2021 年 12 月第 1 版　2021 年 12 月第 1 次印刷
ISBN 978-7-5671-4323-4/D·247　定价　58.00 元

版权所有　侵权必究
如发现本书有印装质量问题请与印刷厂质量科联系
联系电话: 0511-86842230

本书为 2017 上海市教育科学研究项目(市级一般)的成果

立项编号：C17036

项目名称：多源型人口导入社区学生负向行为的早期识别与系统干预的研究

项目负责人：刘正群

承担单位：上海大学附属学校

课题组成员：牛海云、孔屏、沈晓磊、徐琳、沈毅莉、赵霞、顾雅琴、商小曼、黄文琼、黄范荣、蔡萍、俞佳、李莹清、顾郁明、曹玥、丁业成、俞慧洁、张百惠、李玉玲、万雪、顾梦岚、黄凯伦、吕迎晓、徐思语、宋晓云、万瞩、杜丽娟、施渭镔、朱俊杰、程萍、盛雅娟

前　　言

近些年,校园欺凌事件在网上发酵,引起人们的关注。PISA(Program for International Student Assessment,国际学生评估项目)的调研数据显示,有超过五分之一的学生说自己每月至少有几次在学校遭受包含言语、谣言、嘲笑、排挤等的欺负;参与测试的国家和地区中,有7%的学生报告说自己曾经遭受到其他同学的殴打。

学生的暴力行为其实都是有端倪的,但是由于缺少早期的识别和干预,最终酿成大祸。这类事件有一定的典型性,虽引起大众的关注,但干预已然滞后,即使有也只是弥补性的。

从PISA数据可知,欺凌事件是影响学生在学校表现和总体幸福感的重要因素,受到欺负的学生在测评中的成绩普遍低于没有受到过欺凌的学生,前者对生活感到难过、恐惧和不满等,甚至会辍学、丧失学习机会。

中小学生正处于行为养成的重要时期,他们的心理、生理、思维方式会随生活环境及教育方式而改变,因此对学生负向行为进行早期识别与系统干预,有助于学生健康成长,而对其成长过程中的负向行为进行预防和矫正,也是很有必要的。

近年来,随着上海城市建设的迅速扩张,全市范围内的居民跨区流动日益频繁,大量新型的人口导入社区形成。比如上海市宝山区的很多社区是外来务工人员聚集地和中心城区的拆迁安置地,因此形成了具有一定规模的人口导入居住社区。由于这类社区还处于形成初期,与人员结构相对稳定、单一的传统社区不同,这类新兴社区人员结构复杂、流动性大,人口的混杂性与不稳定性,导致社区内学生的成长环境较为复杂。同时,这类社区的形成是快速的,由此也给学校管理和教育带来了一系列令人困扰的问题。

近几年,学生负向行为发生的频率在一些地区内呈增长态势,表现形式也存在极大的差异性和复杂性,为传统学校德育,尤其是行规教育与学生心理辅导带来了新的挑战,同时也成为新时代学校德育的研究点。

骂人、说脏话、破坏公物、课间打架、不交作业、扰乱课堂秩序等现象常有发生,除了上述现象外,还产生了一些新问题、新现象:如网络暴力、冷暴力等,这些现象给学校正常的教育教学秩序造成了干扰和破坏。面对这种新问题、新现象,如不及时发现和干预,会影响学生的身心健康。

研究发现,儿童、青少年阶段都有较高的负向行为发生率,因此,学生负向行为产生前,要重视事先的系统干预。但现有的矫正措施多具有滞后性和弥补性,缺乏早期发现与及时矫正,不少学生的负向行为最终演变为难以弥补的暴力行为。已有的大多数研究对于学生负向行为的早期识别涉及很少,所进行的系统干预研究大多方法笼统、可操作性弱。

本书对于城乡多源型人口导入社区学生负向行为的早期识别与系统干预的研究价值,体现在应用价值和理论价值两方面。

对多源型人口导入社区学生负向行为进行研究,并在行为初期采取一定的系统干预措施,总结这些做法,可为同类学校提供可以借鉴的应用成果和实践案例。学生的主要活动时间是在学校,学校也是介入家庭教育的最好媒介,开展学生负向行为的早期识别与系统干预研究,边实践边研究,能给理论研究者提供较好的研究思路。

目前国内外对该问题的理论成果很少,可提供的实践案例也很少。本书可以给同类学校或有相同问题的学校及家庭提供第一手研究资料。

目　　录

第一章　研究概况 ··· 1
　一、核心概念的界定 ·· 1
　二、研究目标和内容 ·· 2

第二章　研究成果 ··· 6
　一、对多源型人口导入社区内学生的相关研究 ·············· 6
　二、对多源型人口导入社区形成背景的文献综述及研究
　　　分析 ··· 15
　三、多源型人口导入社区学生负向行为的早期识别与分类
　　　研究 ··· 18
　四、多源型人口导入社区学生负向行为的特点分析及系统
　　　干预研究 ·· 58
　五、多源型人口导入社区学生负向行为的成因解析与研究 ········ 68
　六、五种负向行为类型的系统干预策略 ······················ 73
　七、多源型人口导入社区学生负向行为早期识别与系统干预
　　　案例集 ··· 79

八、学生负向行为的早期识别与系统干预的指导性制度 ………… 221

第三章　研究的成效与思考 …………………………………… 223
　　一、多源型人口导入社区学生负向行为的不良影响得到
　　　　显著改善 ……………………………………………………… 223
　　二、老师对于多源型人口导入社区学生负向行为的教育
　　　　能力得到提升 ………………………………………………… 224
　　三、多源型人口导入社区学生负向行为早期识别与系统
　　　　干预的研究反思与讨论 ……………………………………… 225

第一章 研 究 概 况

一、核心概念的界定

（一）多源型人口导入社区的定义

多源型人口导入社区特指近年来在城市外扩、城乡融合、拆迁、房地产开发等多种因素共同作用下，市郊周围出现的会集了本地人、动拆迁户、中心城区外迁户、外地购房者、外来务工人员等的多源型人口导入的新兴社区。

这类社区的特点是人员构成复杂，人口的混杂性、不稳定性、差异性（主要指贫富差距、受教育水平差异、工作差异等）等特征明显，导致某些不良事件频发。这些方面很容易对生活在这些社区中的青少年产生负面影响，并导致其负向行为的产生，最终使所在地对口学校的教育教学秩序面临新的困境与挑战。

（二）学生负向行为的定义

所谓正向行为是指在正常情况下所发生的行为，行为符合道德准则，舆论评价正面积极。这类行为也称为正常行为，反之则称为负向行为。

学生负向行为表现形式很多：如不遵守班级或学校公约；欺骗、隐瞒事实；不考虑集体利益，自私自利；破坏公物或同学物品；等等。从程度上讲，学生的负向行为可以分为：攻击行为、干扰行为、问题行为、不恰当行为以及具有上述可能的行为倾向。

二、研究目标和内容

（一）研究目标

（1）对此种新兴的多源型人口导入社区的形成及其背景作研究分析。

（2）通过问卷、访谈、观察等方式，对学生负向行为进行早期识别。

（3）结合已有研究与学校实际情况，对学生负向行为进行分类研究。

（4）根据学生负向行为的分类研究，对学生负向行为作系统干预。

（5）积累学生负向社会行为早期识别与系统干预的案例，提炼可资借鉴的策略。

（二）研究内容

1. 学生负向行为的早期识别研究

通过研究，对学生的负向行为进行早期识别和分类，形成对于负向行为的有效指导策略和方法，从中获得规律并进行系统干预。

（1）问卷。

使用《长处和困难问卷（学生版）》（Strengths and Difficulties Questionnaire, SDQ）以及 Buss-Perry《攻击性量表》（Buss-Perry Aggression Questionnaire, BPAQ）的中文修订版，通过问卷调查，分析在校（上海大学附属学校）学生的心理健康状况、有无明显负向行为倾向、负向行为成因等。

（2）访谈。

访谈对象：学生、任课老师、家长。

通过对学生、任课老师、家长的访谈，让课题组成员更多地了解学生的不同个性以及负向行为产生的背景与原因。

访谈对象中,学生主要为问卷调查中发现的有潜在负向行为倾向的学生,还有部分学生是经班主任及任课老师选定的有一定判断力及分析能力的学生。家长为家委会成员及部分参与访谈的学生家长。老师为所有班主任及部分任课老师。

访谈形式:按不同年级对学生进行分批访谈,由课题组成员负责。

访谈内容:学生对自我的认识、对同伴间行为的判断、学校的学业压力(如作业时间的长短、教学方式喜好与否、是否理解课程等)、家庭教养方式、社区环境等。

(3) 观察。

通过对日常课堂及课外活动的观察,结合家长与学生的反馈,在平时交谈中注意收集意见、观察学生与他人沟通与合作的表现等。

2. 学生负向行为的分类研究

前期研究预测了学生负向行为可能出现的类型及表现形式,我们将作进一步深入研究。

(1) 学生负向行为的五种倾向类型(见图1-1)及其表现形式。

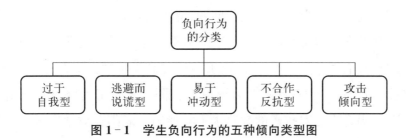

图1-1 学生负向行为的五种倾向类型图

① 过于自我型:听不进旁人建议,以自我为中心,时常对自己作出过高评价。

② 逃避而说谎型:性格内向,不愿与他人交流,遇事消极躲避和拖延。不需要说谎的时候仍然会说谎,有意编造。

③ 易于冲动型:因微小事情的刺激而突然爆发,难以控制愤怒的情绪

并伴有冲动行为[①]。

④ 不合作、反抗型：总是以沉默来应对许多事，对师长瞪眼，气呼呼地看着周围。

⑤ 攻击倾向型：用言语挖苦讽刺同学，或用武力攻击对方。

(2) 不同类型负向行为的成因解析。

研究将从多个方面来分析上述不同类型负向行为的成因(包括主要原因、相关原因、原因系列、诱发因素、发酵因素等)，具体见下文相关分析。

(3) 不同类型负向行为的干预策略。

① 对于过于自我型：通过个别访谈、心理疏导、同伴互助、主题班会等，让学生逐步学会换位思考，多站在他人的角度考虑问题。

② 对于逃避而说谎型：鼓励学生上课多举手发言，安排小组课余活动，多交好友，学会真心待人。学会制定计划，遇事不害怕，努力想办法解决问题。说谎时老师或家长应马上指出。

③ 对于易于冲动型：通过主题班会、个别交流，让学生遇事学会深呼吸，多考虑并预计事情的发展。

④ 对于不合作、反抗型：鼓励学生与家长、老师多沟通，学会真心与人交往，理性地看待问题。主动面对问题、解决问题。

⑤ 对于攻击倾向型：让学生意识到犯错是要受到责罚的。遇事要冷静，乐观积极面对矛盾。举办相应的活动，提高学生做文明人的意识水平。

"家—校—社区"三者应合力形成教育圈。家长努力将自身打造为成长型家长，提升自己对孩子的教养水平与能力。老师在对学生进行指导的过程中，要增强育人能力。

3. 学生负向行为系统干预的行动研究

学生负向行为的系统干预主要采取个案研究法(见图1-2)，具体包含以下内容：

[①] 余锋,徐大真.中职生攻击行为的心理探究[J].职业教育研究,2012(12).

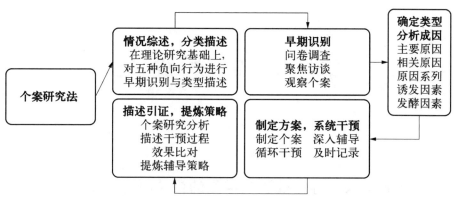

图 1-2 多源型人口导入社区学生负向行为的
早期识别与系统干预的个案研究法

(1) 情况综述,分类描述:在理论研究基础上,尝试对五种负向行为进行早期识别与类型描述。

(2) 早期识别,分析成因:在经过问卷调查、聚焦访谈、观察个案后,完成学生负向行为的早期识别的个案记录,对照分析判断负向行为的类型,并从多个维度来分析学生负向行为产生的成因。

(3) 制定方案,系统干预:制定针对个案的矫正与系统干预措施及环境支持策略,在深入辅导学生的过程中不断调整策略,循环干预,及时记录策略的使用效果。

(4) 描述引证,提炼策略:组织个案研究分析会,描述同类型负向行为的系统干预过程,进行效果比对,提炼出具有可操作性的辅导策略。

第二章 研究成果

一、对多源型人口导入社区内学生的相关研究

学生的负向行为一般指学生不良的、消极的行为,这些行为如任其发展,学生逐渐会成为"问题学生",严重的会产生暴力行为。如不进行早期识别和系统干预,这将对青少年的身心发展造成不良后果。

中小学生正处在身心迅速发展的时期,他们所面临的内外压力也随之增加。研究人员发现:适度的压力可以促进学习和工作的效率,使个体的适应性更好。但青少年在成长过程中,其社会适应力还处在形成阶段,个别学生会有严重的心理不适症状。通过一些测试,可以识别学生存在的问题,然后有的放矢地从认知和行为等层面对其进行辅导,可改善、提高其心理健康水平。

(一)问卷测试工具

1.《长处和困难问卷》

《长处和困难问卷》的学生版是世界精神病学协会儿童心理卫生主席项目推荐用于评定儿童青少年(11~17岁)行为、情绪的工具[1]。上海市精神卫生中心引进该问卷,验证了其在上海地区的适用性,并对其进行标准化。使用方法见图 2-1。

---

[1] 寇建华,杜亚松,夏黎明.儿童长处和困难问卷(父母版)上海常模的信度和效度[J].上海精神医学,2005(1).

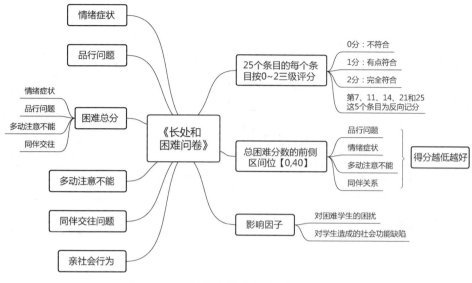

图 2-1 《长处和困难问卷》的使用方法

2. Buss-Perry《攻击性量表》

Buss-Perry《攻击性量表》的中文修订版[①]，是刘俊升教授等人在1992年的 Buss-Perry《攻击性量表》修改编制版本基础上进行初步修订完成的。改进后的中文版量表具有比较好的效度和信度，适用于测量上海本土青少年的攻击性，目前已经成为测量个体攻击性的最权威的测评工具之一。使用方法见图2-2。

课题组主要根据《长处和困难问卷》（学生版）和 Buss-Perry《攻击性量表》，对在校学生的负向行为作早期识别，来综合检测学生的心理健康状况。以上两种测量表可对我国中小学生的心理健康状况进行标准化的测试。该测试也可用于临床诊断，或让老师和家长了解及指导孩子。这两种测量表对于中小学生的心理健康研究具有一定的价值。

---

① 寇建华,杜亚松,夏黎明.儿童长处和困难问卷(父母版)上海常模的信度和效度[J].上海精神医学,2005(1).

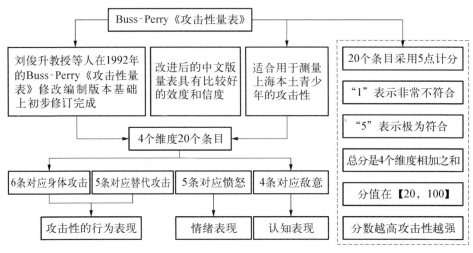

图 2-2 Buss-Perry《攻击性量表》的使用方法

（二）"问题学生"研究

"问题学生"一词最早出现在日本。在美国，它被称为"表现能力和潜在能力之间有差距的学生"。在中国，20世纪90年代，这类学生被称为"学习困难生"，90年代中期后则被称为"问题生"。

根据《中国学生教育管理辞典》，"问题儿童"是指那些经常不遵守行为准则和道德标准的儿童，或者犯下严重道德错误的儿童。"问题儿童"的表现有两种：一种表现为歇斯底里、情绪异常、性格古怪等；另一种表现为经常违纪、厌学、弃学、打架、离家出走等。

《现代教育报》指出，"问题学生"一般是指在校期间有以下不良行为的学生：对同学不友好、粗鲁；作业不完成，有时影响他人上课；他们不在乎老师的批评和教育，嘲笑同学的帮助；平时喜欢独处，有时还会出现早退、逃课等现象。在一些严重的情况下，他们甚至可能在校外打架。

在国外相关研究中，"问题学生"有两种含义：一种是指学业有困难的学生，包括一些身体残疾、品行不良的学生；另一种是指做出一些越轨行为的学生,也就是制造麻烦的学生。

由于学业成绩落后,"问题学生"沾染了社会上的不良习惯,最终产生严重的自卑情绪,缺失自信心,但他们也渴望受到老师或家人的重视。

"问题学生"的特征如下:

人格方面:自尊心、自我效能、自我概念水平较低,聪慧性和自律性低于普通学生。

心理健康方面:比普通学生存在更多的心理问题,部分"问题学生"表现出强烈的男女交往兴趣,其孤独感强于普通学生,总体焦虑程度、抑郁程度高。

行为能力方面:攻击倾向显著,他们经常高估自己通过攻击行为解决问题的能力,并且对后果持乐观态度。

(三)学生课堂问题行为研究

问题行为是指妨碍个体社会性的不正常行为。美国教育心理学家林格伦认为,学生问题行为是指任意一种引起麻烦的行为,或由这种行为引起的麻烦。中国学者孙玉明认为,儿童问题行为是指阻碍儿童身心健康、影响儿童智力发展或给学校、家庭、社会带来困扰的行为。

1996年出版的《教学技能》一书,把课堂问题作为一个专题,对学生课堂问题行为进行研究,而后钟启泉的《班级管理论》、陈时见的《课堂管理论》等,在探讨课堂纪律与学生课堂问题行为的关系的同时,开始反思课堂纪律对学生的作用,探讨学生的家庭背景和文化背景等一些显性因素与课堂问题行为的关系。《教育心理学》《学与教的心理学》等指出,学生课堂问题行为是指学生对正常教学做出不正确的反应或者错误的反应。

但以上文献并未对学生课堂问题行为的成因进行深究。我们认为,使学生产生负向行为问题的成因是多种多样的,其中来自社会与家庭的因素占了绝大多数。

（四）学生暴力行为研究

暴力行为不仅指肢体行为所造成的伤害，而且也包括如侮辱、嘲笑、恐吓、敲诈他人，反复对受害者进行人身攻击，孤立或排斥受害者，破坏公物，对老师及长辈的指教不思悔改等。

吴海滨在《学生暴力行为的成因与对策探究》中认为，学生独特的身心特征和社会地位影响着他们的行为。社会环境的负面影响严重损害青少年的身心健康。学校处理学生暴力行为的措施应从个体出发，对学生进行心理健康教育，使其改变自我认知，学会及时觉察并调节自己的不良情绪。学校要利用媒体的正面教育作用，通过健康向上的影视作品、报刊、法制讲座等，引导学生建立正确的"三观"，做遵纪守法的合格公民。老师要建立平等的新型师生关系，与学生沟通，多开展德育活动。

李进忠的《减少学生校园暴力行为倾向的有效策略——美国的经验》分析了校园暴力背后的心理因素。有些学生往往承受巨大的压力，有很强的自尊心，渴望被尊重和注意。他们很少受到鼓励，因此缺乏自信，常常怀疑自己的价值，也缺乏必要的社会交往技巧。文中提及的解决策略有：找寻问题行为发生的根本原因；找寻导火索；在问题行为发作前介入；着眼于预防和解决问题；从积极的角度看待纪律；在积极的氛围中与学生交往；与家长合作；等等。

家庭是青少年健康成长的第一课堂。抑制学生暴力行为的教育有赖于各方配合，应该发挥教育的主导作用。对于家长来说，提升素质，营造良好的家庭氛围，掌握更理性的教育方法，良好地与孩子沟通，帮助他们树立积极、健康、向上的人生抱负，这些都是防止学生产生校园暴力行为和负向行为的有效举措。

（五）国内外学生不良行为干预研究

1. 国外学生不良行为早期干预研究

（1）《国外关于社区对儿童和青少年影响的研究》指出，居民的经济地位对青少年的教育成就有积极影响,种族混杂对学生入学有不良影响,区域内学习资源与设施的数量和质量会影响学生的发展,亲子关系及教养方式会影响儿童及青少年的身心健康和未来发展。

（2）《美国中学后教育的早期干预项目研究》指出,2005年,美国启动了美国高等教育早期干预项目。美国社会各阶层都坚信教育在消除贫困和不平等方面的基本作用。美国在教育干预方面采取了积极的态度、对策和行动,出台并实施了一系列中学后教育的早期干预项目。

首先是资金的保证,为目标学生提供有力的经济支撑;其次是开展多种形式的咨询活动,为学生提供各种有效的教育信息,充分利用互联网信息、面对面咨询;再次是创新学业、丰富活动,强化学生的升学力,同时吸引家长参与活动。该项目资助社会弱势群体的子女,营造和激发了良好的家庭和学校氛围,为这些学生进一步升入高等学校作好了学业、心理的准备,有力推进了美国社会的系列教育机会均等化。

（3）美国的"用正面行为进行干预和帮助"项目。这套教学方法将学生分为三个层次:80%的学生没有不当行为;15%的学生存在不当行为;5%的学生有长期严重的行为偏差。

为帮助20%有"不端行为"和"越轨行为"的学生,学校制定具体的教学措施。例如,首先观察、判断学生是否存在单一行为问题或多重行为问题以及行为问题出现的时间和密度。根据收集到的数据,进行分析并做出"功能行为评估"。然后,由心理咨询师与学生家长及其他老师共同为学生制定"行为干预计划"。

比如名为"签入/签出"的方法。学生每天上学时,都要去学校的心理咨询师那里报到。心理咨询师为学生设计了一份行为检查表,学生带着检查表去上课,老师给学生多次签名打分。如果表现好,老师马上表扬。当一天的学校生活结束后,学生就拿着这张表格再次到心理咨询师那里签字。如果一天的目标达成,学生可以得到一些奖励,通常不是物质奖励,而是表扬、增加休息时间等。

（4）早期识别与干预：预防美国中小学生行为问题发展的途径与策略。儿童发展的早期阶段被认为是干预儿童后期潜在行为问题的关键时期。目前，美国中小学校普遍实施的儿童行为问题的早期识别与干预主要有里氏临界行为事件、行为问题的系统识别和早期识别计划。

（5）由斯蒂芬·麦卡纳主编的《早期干预手册》的副标题是"最常见的学习和行为问题的解决办法"。该手册列出了从 A 到 M 的 13 个类别的 219 个问题，并为每个问题提供了几种解决方案。例如，L 类"纪律与期望"中的问题 192 是："从老师、同学或学校偷东西。"有 48 种方式供老师参考或选择。例如，第 12 条是单独与学生交谈，避免公开与学生打交道，第 18 条是教育学生用正确的方式表达自己的不快、愤怒或失望。

（6）英国的解决方案。学校可以让学生停课 3~5 天，这样家长就可以带孩子回家反省错误。当然，作业也要安排好。之后，学校领导、校董会成员、家长和学生一起开会，学生只有完成停课期间的作业，方可进入教室。如果是"屡教不改"的学生，学校有权做出开除的决定。只有这样，家长才能认识到自己有责任和义务管教孩子，履行监护人的责任，而不是把一切责任都推给学校和老师，消除"教育学生是学校的事"的误解。更重要的是，学校和老师不应该因重点管教个别学生而减少对其他学生的教育。

2. 国内学生不良行为早期干预研究

（1）《小学生行为问题早期干预的研究》指出，经过两年的心理干预，儿童行为问题的阳性率明显下降。措施和方法有：心理健康教育；建立心理咨询室；家庭干预；设立心理热线电话；让有情绪及行为问题的学生及时去医院矫治。

此研究主要依靠医疗机构的力量，有些方面，如心理健康教育、建立心理咨询室、进行家庭干预等，学校老师可以借鉴。

（2）《早期认知干预对青少年情绪障碍的影响》指出，儿童、青少年最常见的行为障碍是破坏性行为障碍，包括对立违抗障碍、注意缺陷多动障碍和品行障碍。一般来说，它是多种因素共同作用的结果，包括遗传、生物、社会和心理等因素，其中家庭教养和社会环境的作用尤为重要，但该研究提到的多数做法是从医学领域进行的分析和干预，如药物的使用，而对于行为治疗的具体方法则介绍得较简单。

（3）《学习障碍儿童早期干预研究综述》提到了主要针对学龄前儿童的早期干预。对小学低年级学习困难儿童进行团体干预，从学习策略、学习方法、改善亲子关系和师生关系、培养正确归因、提高自信心等方面进行，效果明显。通过具体策略和元认知策略的训练，学生的学习动机和自我效能感有不同程度的提高。

3. 小结

综合这些资料我们发现，针对儿童、青少年的行为和心理的早期干预研究资料较丰富，研究方法是综合的、多形式的且需要长期观察和实践。

这些文献资料有助于我们从德育教育入手并辅助我们的日常教学工作。但很多研究只介绍了几种治疗方法、干预方法，具有可操作性的实证干预研究很少，针对学生负向行为的早期有效干预方案极少。

（六）负向行为学生的家庭情况综述

1. 使学生产生负向行为的家庭因素

（1）家长思想认识不到位。目前，家长普遍重视孩子的教育，在提高孩子的学习成绩上投入了大量的精力和财力。但一些家长受传统观念影响，认为只要孩子入学了，学好学坏是学校的事，很少关注孩子的学习情况，这种思维影响了孩子的学业与成长。

（2）父母不良习惯的影响。父母是孩子的第一任老师，父母刷手机、追剧，久而久之，这无疑会对孩子的心理产生潜移默化的影响，使他们在失去学习兴趣的同时也沉迷于网络世界。

（3）父母教育孩子的方式不恰当。有些父母溺爱孩子。一旦孩子做作业有困难,他们就会帮助孩子,使孩子养成不动脑的坏习惯。如果作业量大一点,家长会让孩子少做、甚至代做。还有些家长的教育方法粗暴,打骂孩子,如此一来,孩子就会厌烦家庭和学校。

(4) 家庭破裂对孩子的影响。父母离婚对孩子的影响最大。有的孩子住在单亲家庭,有的孩子只能住在祖父母家。由于家庭结构的缺陷,孩子不成熟的心灵受到了极大的伤害,由此也会引起心理问题。

2. 使学生产生负向行为的导入人口家庭状况

(1) 家长文化状况。在我们调查的部分导入人口家庭中,父亲为小学及以下学历的家庭有7户;父亲为初中学历的家庭有10户;父亲为大专以上学历的家庭仅1户。有10户家庭的母亲为小学及以下学历;有6户家庭的母亲为初中学历;有1户家庭的母亲为高中学历;还有1户家庭的母亲为中专学历。

由此可见,这些家长的文化程度普遍较低,他们有的是临时工,有的与用人单位的劳动关系非常松散,他们一般处于城市底层。

这些家长工作忙碌,少有时间和孩子在一起,相互间缺乏必要的交流沟通,他们不了解孩子的学习和成长状况,慢慢地互相间产生了隔阂。

(2) 家庭收入状况。导入人口来到城市主要是为了增加收入,提高生活水平。在我们调查的导入人口家庭中,家庭月总收入在8 000元的有3家;月总收入在10 000元的有7家;月总收入在12 000元的有7家;月总收入在15 000元和20 000元以上的各有1家。

在多源型人口导入家庭中,主要是父亲负责赚钱养家,母亲则负责照顾家庭、教育孩子。但是,母亲的受教育水平一般比父亲低,所以对孩子的教养也就难以达到效果。

(3) 家长职业构成。这些家长的职业构成大致为个体经营者和行业从业人员。我们的调查结果表明,在多源型人口导入家庭中,有8位父亲是个体经营者,从事小企业经营;有7位父亲是雇工;有3位父亲是老板,手下有几个雇员。有9位母亲从事个体经营;有5位母亲是雇员;还有6位母亲没有正式职业。

从职业结构上看,多源型人口导入家庭中的父母,工作生活忙碌,少有学习进修机会,对孩子的生活与学习缺少关注。

二、对多源型人口导入社区形成背景的文献综述及研究分析

(一)国外人口导入的相关研究

关于国外流动人口的研究,学者主要从以下几个方面展开:

1. 人口影响因素研究

研究者认为,科技进步、生产力提高、资本流动和土地制度改革是促进劳动力区域流动的重要因素。

例如,美国、英国等资本主义国家劳动力迁移的历史表明:一是土地制度改革带来了农业劳动生产率的提高,促进了农业人口主动和被动地向城市迁移;二是资本主义国家的科技进步促进了生产力的提高,劳动力可以在地区间流动。资本流动越多,劳动力流入越多;资本投入越少,流入的劳动力就越少。劳动力流动服从于资本流动,发展中国家的人口流动也受到上述因素的影响。

1997—2000年,在美国,为了找到一个更舒适的居住地这一因素造成的人口流动约占人口引进总量的50%,婚姻等原因造成的人口流动占25%~30%,而由工作变动引起的人口流动仅占16%左右,而这部分流动人口由于工作原因往往受过高等教育,向新城市寻求更好的发展空间。

2. 人口导入理论研究

一个多世纪以来,国际学术界从人口学、地理学、经济学、社会学等角度对移民的成因、机制和运动规律进行了深入研究,提出了许多有影响的

理论和模型。课题组参考了英国地理学家拉文斯坦的人口迁移法则、美国地理学家杰弗里的引力模型、经济学家舒尔茨的美国"成本—收益"理论等。

(二) 国内人口导入的相关研究

近年来,由于人口引进数量的增加,在城市里引发了多种社会问题。因此,多源型人口引进越来越受到专家学者的重视,研究的角度和内容也非常多。从社会学和经济学的角度进行研究是当前人口引进研究的主流,涉及人口引进的社会属性特征、人口引进对经济社会的影响及相关对策建议等。

《人口流动与农村城镇化战略管理》指出：20世纪80年代,中国农村人口流动主要采取"离土不离乡"的就地转移方式,90年代,它表现为异地移民、农民工包围城市的浪潮。

目前,国内的人口流动又存在买房在故乡、长年生活在城市的情况,其中城市的房价、故乡的归属感等因素造成人口流动的不确定性。

(三) 上海市人口导入的基本特征

根据2010年第六次人口普查量表,当地户籍常住人口分为五类：① 居住在本乡镇街道上,户籍在本乡镇街道的；② 户籍在本乡镇街道居住半年以上,户籍在其他乡镇街道的；③ 户籍在本乡镇街道居住半年以下,离开户籍所在地半年以上的；④ 居住在乡镇街道,户籍待定；⑤ 原居住在乡镇街道,目前在国外工作学习,无户籍。户籍登记也按户籍性质办理。由此可以看出,2010年第六次人口普查对输入人口的定义是：在本镇街道居住半年以上,户籍在其他镇街道的；或者在乡镇街道居住半年以下,离开户籍半年以上的。

统计数据显示,上海市外来常住人口总数由2000年的305.7万人增加到2010年的897.7万人,10年间增加592万人。2000—2005年,上海市常住人口增加132.6万人；2005—2010年，上海市常住人口增加459.3万人。

1. 导入人口年龄结构

2016年，从上海导入人口年龄结构上看，0～14岁人口占总人口的8.5%；15～64岁人口占总人口的90.2%；65岁及以上人口占总人口的1.2%。由于多源型人口的迁移，上海的老龄化程度略有降低。

2. 导入人口受教育程度

上海多源型导入人口的受教育程度主要集中在初中水平，其人数占人口导入总量的52.7%。本科及以上学历的外来人员较少。但随着上海城市的转型和积分落户政策的调整，多源型导入人口受教育水平将逐步提高。

3. 导入人口从业情况

上海市常住人口主要在上海从事生产、运输、设备操作等工作。这与上海的经济产业结构有关。

4. 人口导入原因

务工经商、家属随迁、投亲靠友、婚姻嫁娶、学习培训、工作调动是多源型人口导入上海的主要因素。因务工经商发生的迁移占迁移总量的78.3%。务工经商来沪的男性人口和因婚姻嫁娶来沪的女性人口占了多数。

近年来，子女教育、养老、医疗、文化环境等因素，也是人口导入上海的原因所在。

（四）对多源型人口导入学校的调查研究

从人数比例来看，上海大学附属学校是典型的多源型人口导入学校，外区和外省市人数占全校学生总数的40%。其中南方及长江流域导入人数占比较高，北方导入人数较少，全校还有5名在国外成长的学生。

上海本地学生在人际关系、情感体验和自我意识方面没有显著差异。

在家庭教育、学生心理等诸多方面，流动人口子女与上海本地学生存在差异。学生的家庭教育环境是造成差异的重要因素。与上海本地学生相比，流动人口子女学习更刻苦、自律。

我校多源型人口所在社区中，91%的社区在学校五公里范围内，但我校地处城乡接合部，所以学生的家庭居住情况有以下几类：① 自购商品房；② 市政动迁到我校附近；③ 租房居住。其中租房居住家庭中，外省市家庭占比为86%。他们既有租商品房的，也有租农村宅基地房的。

多源型人口导入家庭中的孩子，存在最多的就是学习问题。在学习和交往过程中，这些学生往往表现出逃避评价和社会交往的倾向，但老师和学校领导对多源型人口导入家庭的一视同仁，将他们与本市学生混合编班。

在学校层面，我们加强家校联系，开展家校互动，及时了解家长的问题和需求，让家长也能踊跃参与学校的教育和管理。

三、多源型人口导入社区学生负向行为的早期识别与分类研究

（一）多源型人口导入社区学生负向行为的早期识别与评估的问卷调查分析

1. 调查目的

本次针对6～8年级学生进行的问卷调查，目的是了解学生基本情况并筛查出需重点关注的对象。

学生的负向行为可能表现为：违反道德规范、损害他人或集体利益的行为；不遵守班级、学校公约；欺骗、隐瞒事实，涉及个人和集体利益时，不会考虑他人利益，自私自利；破坏公物或同学物品，不考虑后果；等等。我们希望通过问卷调查与数据分析，能够从学生的情绪、行为、交往及攻击性

水平等角度来评估分析学生的发展现状,对学生负向行为实现早期识别并进行及时干预,在对这些负向行为作分类研究的过程中,能够有效建立起学生负向行为干预系统,让学生的身心得以健康发展。

2. 调查方法

(1) 调查对象。问卷调查对象为本校初中部六至八年级的全体在校学生。每个班级的学生依次到电脑教室,由班主任和负责数据收集的老师共同指导学生完成问卷,当堂提交。790人完成《长处和困难问卷》,774人完成《攻击性量表》,有效问卷770份(两个问卷均提交的),有效率97.4%。其中六年级285份,七年级232份,八年级253份。

(2) 调查工具。《长处和困难问卷》(学生版),通过25个项目,初步对学生的、品行问题、情绪症状、同伴交往问题、多动注意不能以及亲社会行为等作评估。《长处和困难问卷》总困难分数的前侧区间为【0,40】=品行问题+情绪症状+多动注意不能+同伴关系,得分越低越好;而亲社会行为作为长处因子,得分高低与亲社会能力呈正比。

Buss-Prry《攻击性量表》中文修订版,包含4个维度20个条目,分别是6条对应身体攻击、5条对应替代攻击、5条对应愤怒、4条对应敌意。其中,身体和代替攻击是攻击性的行动表现,愤怒是感情表现,敌意是认知表现[1]。《攻击性量表》一共有20个项目,1分表示非常不一致,5分表示非常符合。4个维度相加,分值在【20,100】,分数越高代表攻击性越强。

(3) 数据处理。将有效问卷信息用SPSS软件进行数据处理,分析各变量之间的相关关系。

3. 结果分析

(1) 学生困难行为发生的情况。770名学生中,品行问题、情绪症状、多动注意不能、同伴交往异常率分别为71.4%、4.2%、3.8%、3.2%;困难总分异常百分比为11.4%;亲社会行为异常百分比为22.1%,见表2-1。

---

[1] 潘绮敏. 青少年攻击性的维度、结构及其相关研究[D]. 华南师范大学,2005.

表 2-1 《长处和困难问卷》相关调查数据

N=770	正常水平人数（人）	百分比（%）	边缘水平人数	百分比（%）	异常水平人数（人）	百分比（%）	平均分	标准差
困难总分	378	49.1	304	39.5	88	11.4	16.19	2.86
品行问题	83	10.8	137	17.8	550	71.4	5.37	1.474
情绪症状	681	88.4	57	7.4	32	4.2	3.34	1.801
多动注意不能	659	85.6	82	10.6	29	3.8	4.18	1.286
同伴交往	570	74.0	175	22.7	25	3.2	2.81	1.266
亲社会行为	430	55.8	170	22.1	170	22.1	5.57	1.477

结果显示，按照困难总分（困难总分＝行为问题＋情绪症状＋多动注意不能＋同伴关系）的得分所处的水平，处于正常水平的人数占总体的49.1%，处于边缘水平的人数占总体的39.5%，处于异常水平的人数则占总体的11.4%，整体平均分为16.19分，处于边缘水平。其中，品行问题因子处于正常水平的人数占10.8%，处于边缘水平的人数占17.8%，处于异常水平的人数则占71.4%，平均分为5.37分，处于异常水平。情绪症状、多动注意不能和同伴交往中异常水平人数分别占比4.2%、3.8%、3.2%。这三者的平均分分别为3.34分、4.18分、2.81分，都处于正常水平。

亲社会行为因子处于正常水平的人数占55.8%，处于边缘水平的人数占22.1%，处于异常水平的人数则占22.1%，平均分为5.57分，低于正常水平下限6分，接近边缘水平5分。

可见，在各因子中，品行问题异常率远超另外四项，也是唯一一个平均分处于异常水平的，而情绪症状、多动注意不能和同伴交往三项的正常率很高，平均分也处于正常水平。亲社会行为的平均分处于正常水平与边缘水平之间，需要作进一步关注。

(2) 各年级学生的调查情况显示,在处于正常水平的 378 人中,六、七、八年级学生人数分别占 32.0%、26.5%、41.5%;在处于边缘水平的 304 人中,六、七、八年级学生人数分别占 43.1%、33.9%、23.0%;在处于异常水平的 88 人中,六、七、八年级学生人数分别占 37.5%、33.0%、29.5%,见表 2-2。六、七、八年级学生困难总分的平均分分别为 16.29 分、16.09 分、16.18 分,均处于边缘水平区间内,并接近下限值 16 分。

表 2-2 不同年级学生的情况

年级	正常水平人数(人)	占比(%)	边缘水平人数(人)	占比(%)	异常水平人数(人)	占比(%)	年级总人数(人)	平均分(分)	标准差
六	121	32.0	131	43.1	33	37.5	285	16.29	2.791
七	100	26.5	103	33.9	29	33.0	232	16.09	2.845
八	157	41.5	70	23.0	26	29.5	253	16.18	2.958
全体人数	378	100	304	100	88	100	770	16.19	2.86

在异常水平内,六年级学生人数占比最高;边缘水平范围内,六年级学生人数占比也最高;而正常水平范围内,八年级学生人数占比最高。六年级学生处于正常水平、边缘水平、异常水平的人数比为 3.67∶3.97∶1,七年级为 3.45∶3.55∶1,八年级为 6.04∶2.69∶1。

(3) 在构成困难总分的四个因子中,品行问题一项处于异常水平的人数占比最高,为 71.4%,而情绪症状、多动注意不能和同伴交往问题处于异常水平的人数占比不高,亲社会行为一项处于异常水平的人数占比为 22.1%,见表 2-1。

六、七、八三个年级中学生的品行问题平均分分别为 5.9 分、5.87 分、5.81分,都处于异常水平,多动注意不能问题的平均分分别为 4.15 分、4.21 分、4.18 分,均处于正常水平,情绪症状和同伴交往问题的平均分也都处于正常水平。

在所有调查对象中,品行问题以"我经常与别人争执,想要别人根据我的想法行事"的得分率最高(得分率为85.13%),其次是"我常被指责撒谎或不老实"(得分率为78.12%);接着是"我会从家里、学校或别处拿取不属于我的东西"(得分率为64.81%)。

情绪症状问题以"我心中有许多恐惧,很容易受惊吓"的得分率最高(得分率为55%)。

多动注意不能问题以完全不符合"我总能把手头上的事情办妥,注意力良好"的得分率最高(得分率为73.25%),其次是"我容易分心,难以集中精神"(得分率为57.86%)。

同伴关系问题以完全不符合"一般来说,与我年龄相近的孩子都喜欢我"的得分率最高(得分率为78.51%)。

亲社会行为问题中以"我尝试对别人友善,会关心他人的感受"(得分率为78.25%),"如果有人受伤、难过或不适,我都乐意帮忙"(得分率为77.27%),"我常与他人分享东西(食物、玩具、笔)"(得分率为76.36%)的得分率位居前三,而"我常自愿帮助别人(父母、老师、同学)"的得分率最低(得分率为13.6%)。

中文版《攻击性量表》修订版的调查数据显示,在四个因子中,敌意得分率最高(得分率为48.40%),接着依次为替代攻击(得分率为45.36%)、愤怒(得分率为44.40%)、身体攻击(得分率为43.87%),见表2-3。

表2-3 《攻击性量表》得分情况统计

调查因子	最小值(%)	最大值(分)	平均值(分)	得分率(%)	标准差
身体攻击	6	24	13.16	43.87	5.201
替代攻击	5	20	11.34	45.36	4.258
愤怒	5	20	11.1	44.40	4.753
敌意	4	16	9.68	48.40	3.502
攻击性总分	20	80	45.27	56.59	15.586

其中，关于敌意问题反映了调查对象的一种认知表现，以"其他人总是运气很好"（得分率为50.88%），"我知道'朋友'会在背后议论我"（得分率为48.16%），"有时我会觉得生活对我不公平"（得分率为47.38%）和"有的时候，我觉得有人在我背后嘲笑我"（得分率为47.01%）这四条最突出。敌意问题平均分最高的是六年级的9.89分，而七年级的平均分9.76分也超过了总平均分，见图2-3。

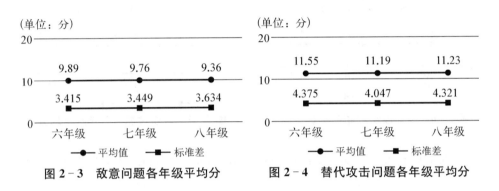

图2-3 敌意问题各年级平均分

图2-4 替代攻击问题各年级平均分

替代攻击问题反映调查对象的行为表现，没有造成直接的人身伤害，对外表现为对物品造成损坏或者以言语对人或物进行间接攻击；对内表现为压抑的消极情绪。这次的问卷调查显示："如果不赞同我，我就会忍不住要争辩"（得分率为51.74%），"不知道为什么自己会对什么感到愤慨"（得分率为49.14%）的得分率较高。替代攻击均分最高的是六年级的11.55分，且超过总平均分，见图2-4。

愤怒问题反映调查对象的情绪表现，"我的一些朋友认为我性格鲁莽"（得分率为46.83%），"当遭遇挫折时，我会表现出愤怒"（得分率为45.79%）的得分率较高。平均分最高的是六年级的11.45分，且超过总平均分，见图2-5。

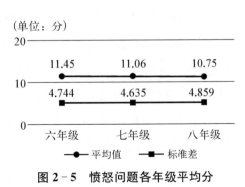

图2-5 愤怒问题各年级平均分

第二章 研究成果　23

身体攻击问题是调查对象的行为表现,"如果有人打我,我会还击"得分率(得分率为49.92%)最高,"如果必须通过武力确保我的权利,我愿意这样去做"(得分率为47.22%)得分率也较高。平均分最高的是六年级的13.7分,且超过总平均分,见图2-6。

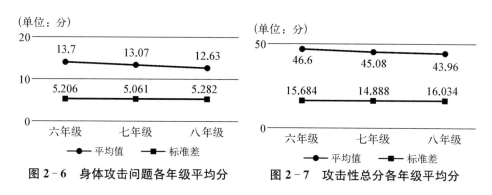

图2-6 身体攻击问题各年级平均分　　图2-7 攻击性总分各年级平均分

攻击性总分平均分最高的是六年级的46.6分,且超过总平均分,见图2-7。

初中生在日常生活中表现出替代攻击多于身体攻击的情况。研究表明,有效利用替代攻击与儿童及青少年语言能力、观点筛选能力、情绪调节能力和记忆力等能力的发展有关。同时,随着中学生身心发展,这为其不直接使用身体攻击创造了条件。

4. 讨论

(1)品行问题对初中生的影响。统计结果显示,品行问题在初中生中出现的概率很高,达到71.4%,三个年级的平均分均处于异常水平,尤其六年级学生的平均分超过总平均分。六、七、八年级学生的平均分依次降低,标准差也依次降低。品行问题的出现与初中生自我意识增强、以自我为中心、不善于换位思考有关。与此同时,学生的自我控制能力随着年龄的增长而有所加强,相互认同的需求也在增强,所以,随着年龄增大,其差异性变小,离散程度也随之降低。

调查显示,品行问题与同伴关系、亲社会行为有显著相关性,也就是说,学生的品行问题通常与同伴关系和亲社会行为共同发生。所以,当学生出现一些负向行为时,如果仅仅从品行角度去考虑、去教育引导,收效可能不明显,这也是有些学生被教育了多次却没有任何改变或改变不明显的原因所在。此外,由于《攻击性量表》中的各因子与品行问题的相关性都不显著,所以,当学生表现出攻击行为时,首先要从情绪、人际关系方面找原因,而不是将品行问题摆在第一位,这些因素改善了,学生的攻击行为也会相应得到改善。

（2）情绪问题对初中生的影响。六、七、八年级学生情绪症状的平均分都处于正常水平,六年级学生得分略高,七年级学生得分略低。当中学生进入一个新环境时,会需要一定的适应与调整的时间。在度过适应期后,学生的情绪会慢慢平稳下来。八年级学生全面进入青春期,加之学业压力大,学生的生理、心理会有变化。有些学生的情绪调控能力随年龄增长而逐步提高、稳定性增强,而有些学生的情绪调控能力则会发展停滞、甚至倒退失调,从而使得学生情绪问题的差异性越来越大。

相关分析显示,情绪症状与除品行问题之外的因子都有相关性,可以通过调节情绪,改善学生的负向行为表现。

关于情绪,教育部《中小学心理健康教育指导纲要》指出,要提高全体学生的心理素质,培养学生积极乐观、健康向上的心理品质,提高情绪能力。情绪本身包括三个方面,即情绪认知能力、情绪控制能力、情绪反思能力,其中的情绪认知能力包括对积极感情和负面感情的认知水平。情绪控制能力包括情绪调节的意识水平、积极情绪调节策略的运用水平、消极情绪调节策略的规避水平及情绪调节的作用水平。情绪反思能力包括情绪调节的反思水平等。很多时候,学生不能够很好地调控自己的情绪,原因就在于对自己的情绪无法作出清晰的辨别、不了解调控情绪的方式、对情绪处理过程的策略不明了。这些方面的补充与提高,有助于学生增强情绪管理能力。

比如在六年级阶段,针对学生接触新学校、新同学、新环境的情况,可以帮助他们理解一个人在进入陌生情境时通常会有哪些情绪,这些情绪可能导致怎样的表现等,让学生感受到大家遇到的情况相似,从容地去了解自己和同学身上都发生了什么。

七年级的学生则可以在了解自己情绪的基础上,进一步学习一些有效调控情绪的方法与策略,帮助他们在实际情况中通过实践来强化、运用这些方法和策略。

八年级的学生可以就自己的经验作分享和案例讨论等,更加深入地对情绪调节的方式、策略进行探讨,提高处理情绪的手段。

此外,调查显示情绪症状与攻击性各因子有相关性,所以当学生表现出攻击行为时,可以借助情绪症状的处理方式来调节学生负向行为的表现。

(3)多动注意不能对初中生的影响。三个年级学生的多动注意不能的平均分均高出了所在年级学生的情绪症状平均分及同伴关系平均分,且得分按年级升高而依次递减。本校处于多源型人口导入地区,生源地、家庭背景、家庭结构、家长素养水平等差异性大,学生的成长经历对他们的学习态度、动机以及自我同一性的形成有影响。但随着年级的升高,学生在不断成长和发展,使得多动注意不能在群体间的差异性缩小了。

根据统计结果显示,多动注意不能与除品行问题外的其他因子都有相关性。有时学生表现出多动症和注意力不集中的情况,家长不能回避这一问题,应带孩子去专业机构进行评估诊断,寻求专业支持与帮助。

(4)同伴关系对初中生的影响。同伴关系问题的平均分在三个年级中比较接近,都处于正常水平,但是标准差随年级升高而变大,学生的差异性变大。整体而言,初中生对同伴的需求以及被他人认可与接纳的需求变得越来越强烈。在不断磨合与尝试下,他们的同伴交往模式会慢慢固定下来。

初中阶段,学生的心理进入快速变化期。独立意识不断增强,自我同一性的发展任务也变得越来越迫切。他们在家长面前会表现得很叛逆，而对同伴关系的需求则越来越强烈。同伴关系的状态会直接或间接影响到青少年自我同一性的形成及归属感、自尊心的建立，其中会有冲突、受挫、调整、适应等过程。

同伴关系与学生的愤怒、身体攻击、替代攻击具有相关性。也就是说当学生的同伴关系良好时，他的攻击性情绪和攻击行为就较少。

（5）攻击性与初中生的行为问题。这里的攻击性包含了调查对象对外部事件作出的关于行为、情绪、认知方面的反应。攻击性的这几个因子不但彼此之间存在相关性，而且与《长处和困难问卷》中的情绪症状、多动注意不能及同伴关系都有着相关性。认知行动理论认为，个人的行动状态发生变化，其认知变化就会悄然发生。初中生应正视不适当的思维模式，逐渐学会与自我对话，从而逐步减少其攻击行为。同样，当初中生愤怒水平越高时，越会伴有身体攻击、替代攻击与敌意。

就攻击性总分而言，如果学生的同伴关系越是不好，那么其攻击性就较多。初中生常常以自我为中心，自尊心较强，这源于他们的独立意识正在萌发并不断强化，同伴关系不好的同学之间，容易引发冲突。同时，他们也不太会主动寻求谅解，从而造成恶性循环，攻击行为愈演愈烈。

在《长处和困难问卷》中，困难总分处于异常水平的88名学生里，品行问题与情绪症状的相关性，反映了这些学生品行异常表现与情绪的强烈波动一致，见表2-4。

表2-4　品行问题与情绪症状的相关性分析（N＝88）

N＝88	品行问题	情绪症状	多动注意不能	同伴关系	亲社会行为	身体攻击	替代攻击	愤怒	敌意
品行问题	1								
情绪症状	−.291**	1							
多动注意不能	−0.168	−.237*	1						

续表

N=88	品行问题	情绪症状	多动注意不能	同伴关系	亲社会行为	身体攻击	替代攻击	愤怒	敌意
同伴关系	−.523**	−0.107	−0.202	1					
亲社会行为	0.155	.233*	−.260*	−.252*	1				
身体攻击	−0.157	−0.007	−0.123	.217*	0.001	1			
替代攻击	−0.181	0.001	−0.054	0.136	−0.032	.708**	1		
愤怒	−0.06	−0.027	−0.035	0.005	0.005	.699**	.719**	1	
敌意	−0.064	−0.029	−.210*	0.105	0.1	.711**	.625**	.675**	1

** 在0.01水平（双侧）上显著相关。
* 在0.05水平（双侧）上显著相关。

5. 措施

（1）认知调整。对于新入学的学生及慢慢进入青春期的学生，每当他们面临一项新的发展任务时，需要及时对他们开展教育活动，比如人际交往教育、青春期性教育、自我认知教育等，通过主题班会、主题讲座、心理辅导等集体活动，让学生全面认识自己，接受自己和他人；让学生学会正确对待消极情绪，学会用积极的情绪去应对学习和生活中的问题；让学生在团体中学会与人交流，在生活中建立协调的人际关系，减少攻击行动，谋求和身边的人和谐相处。

（2）情绪管理。由于青少年多数时候不能够正确了解自己的情绪，不能辨识出情绪的来由，他们也就无法正确排遣、表达、宣泄情绪，所以需要在不同发展阶段对其进行指导，使他们学会调节情绪，从而科学地调整自己的心态。因此，班级教育、德育团队工作、心理健康教育等需要及时介入进去。

（3）行为改善。要营造良好的学习生活环境，规范学生的礼仪举止，加强对学生的人际交往的指导和练习。开展适当的团体建设活动，在活动中培养学生的换位思考意识；用团体活动加强同伴间的情感联结。由于亲子关系会对学生的攻击行为有影响，所以学校要指导、协助家长与学生进行良性互动,有效增进学生正向行为的养成,巩固强化学校的教育效果。

6. 结论

综上所述,对于初中生的负向行为的调查分析可知,负向行为的影响因素是多方面、多层次的,面对学生的负向行为问题,不能一概而论,要找准症结,对症下药。需要从学生的情绪、行为和认知等多方面去综合考虑,正确评估学生负向行为的发展层次,引导学生正确地认识、理解自己的情绪并掌握情绪管理的一些方法与技巧。同时,学生中的负向行为具有普遍性,根据学生心理发展阶段的特征,帮助学生及时调整他们的负向行为表现,避免引发更多的学业困难、人际交往困难或社会适应不良等后果。因而,将学校德育、心理教育作为校本辅导课程,配合学生的发展需要,可从整体上促进学生心理健康发展。

附件一

长处和困难问卷

尊敬的同学:

你好!

非常感谢你参加本次调查。此次调查的目的是为了解当前学生的发展状况,以便更有针对性地改进教育教学工作,提升学生的学业质量,促进健康成长。非常高兴你被抽到参加本次调查。

你的回答对我们的调查研究十分重要,请你根据自己的实际情况和理解如实作答。你提供的信息仅作为研究使用,我们将对其严格保密,请你放心填写。

谢谢你的支持与配合!

以调查中的一些问题,请根据过去 6 个月内的实际情况,在"不符合""有点符合"或"完全符合"的对应方框内打"√"。答案没有对错之分,也不涉及你或所在学校的评价,请按实际情况填写即可。

题号	题目	不符合	有点符合	完全符合
1	我尝试对别人友善,会关心他人的感受			
2	我不能安定,不能长时间保持安静			
3	我经常头痛、肚子痛或身体不舒服			

续表

题号	题　目	不符合	有点符合	完全符合
4	我常与他人分享东西(食物、玩具、笔)			
5	我觉得非常愤怒及常发脾气			
6	我经常独处,通常独自玩耍	0	1	2
7	我通常依照吩咐做事	2	1	0
8	我经常担忧,心事重重			
9	如果有人受伤、难过或不适,我都乐意帮忙			
10	我经常坐立不安或感到不耐烦			
11	我有一个或几个好朋友	2	1	0
12	我经常与别人争执,想要别人根据我的想法行事			
13	我经常不快乐,心情沉重或流泪			
14	一般来说,与我年龄相近的孩子都喜欢我	2	1	0
15	我容易分心,难以集中精神			
16	我在新环境中会感到紧张,很容易失去自信			
17	我会友善地对待比我年少的孩子			
18	我常被指责撒谎或不老实			
19	其他小孩或青少年常作弄或欺负我			
20	我常自愿帮助别人(父母、老师、同学)			
21	我做事前会先想清楚	2	1	0
22	我会从家里、学校或别处拿取不属于我的东西			
23	我与大人相处比与同辈相处融洽			
24	我心中有许多恐惧,很容易受惊吓			
25	我总能把手头上的事情办妥,注意力良好	2	1	0

请确认你已全部完成本问卷的内容,并没有遗漏任何问题。再次感谢你对本次调查研究的支持与配合,祝你生活愉快!谢谢!

总困难分数的前测区间为【0,40】＝行为问题＋情绪症状＋多动冲动＋同伴关系,得分越低越好。

《长处和困难问卷》评分方法：
1. 采用三级评分制,计算五个因子得分。
2. 大部分题目正向记分,即"不符合"记 0 分,"有点符合"记 1 分,"完全符合"记 2 分。
3. 题 7、11、14、21、25 反向记分,即"不符合"记 2 分,"有点符合"记 1 分,"完全符合"记 0 分。
4. 《长处和困难问卷》分量表——【0,10】三级评分：0 代表不符合,1 代表部分符合,2 代表完全符合。因此每个分量表总分在【0,10】。
《长处和困难问卷》各因子的计算方法如下：
行为问题＝题 5＋题 7＋题 12＋题 18＋题 22 的得分
情绪症状＝题 3＋题 8＋题 13＋题 16＋题 24 的得分
多动冲动＝题 2＋题 10＋题 15＋题 21＋题 25 的得分
同伴关系＝题 6＋题 11＋题 14＋题 19＋题 23 的得分
亲社会行为＝题 1＋题 4＋题 9＋题 17＋题 20 的得分

攻击性量表

姓名： 性别：□男□女（请在□内打"√"）学校_____ 年级_____ 班级_____
【填答说明】
尊敬的同学,你好！本量表的目的在了解你的情绪和思考的表现。这不是考试,答案没有对或错。下面每一题都有五个选项,分别以 1、2、3、4、5 代表："非常不符合""有点不符合""不清楚""有点符合""非常符合"。请依据你的实际状况,圈出你认为适当的答案。请记得每题都要作答,谢谢！

1. 我的一些朋友认为我性格鲁莽 ·············· 1　2　3　4　5
2. 如果必须通过武力确保我的权利,我愿意这样去做 ·············· 1　2　3　4　5
3. 我曾经非常生气,甚至摔东西 ·············· 1　2　3　4　5
4. 如果有人不赞同我,我就会忍不住要争辩 ·············· 1　2　3　4　5
5. 我不知道为什么自己有时候会对一些事情非常愤恨 ·············· 1　2　3　4　5
6. 我曾经无法控制要打人的冲动 ·············· 1　2　3　4　5
7. 我曾经威胁过我认识的人 ·············· 1　2　3　4　5
8. 如果有人一直挑衅我,我可能会打他 ·············· 1　2　3　4　5
9. 有时我会满怀嫉妒 ·············· 1　2　3　4　5
10. 有时我会觉得生活对我不公平 ·············· 1　2　3　4　5

11. 我难以控制自己的情绪 ……	1	2	3	4	5
12. 当遭遇挫折时,我会表现出愤怒 ……	1	2	3	4	5
13. 有的时候,我觉得有人在我背后嘲笑我 ……	1	2	3	4	5
14. 如果有人打我,我会还击 ……	1	2	3	4	5
15. 我有时感觉自己就像随时要爆炸的火药包 ……	1	2	3	4	5
16. 其他人总是运气很好 ……	1	2	3	4	5
17. 曾经因为有人猛推我,我就和他打了起来 ……	1	2	3	4	5
18. 我知道"朋友"会在背后议论我 ……	1	2	3	4	5
19. 我有时会莫名其妙地发火 ……	1	2	3	4	5
20. 我比一般人更容易参与打斗 ……	1	2	3	4	5

量表包含4个维度：身体攻击、替代攻击、愤怒和敌意。

身体攻击：题2、题6、题8、题14、题17、题20

替代攻击：题3、题4、题5、题7、题9

愤怒：题1、题11、题12、题15、题19

敌意：题10、题13、题16、题18

攻击性总分是4个维度相加之和,分数越高代表攻击性越强。

（二）多源型人口导入社区学生负向行为的早期识别与评估的访谈调查分析

学生出现负向行为的原因是多方面的,此次以个别访谈的方法,对存在负向行为的学生及其家长、老师等进行个别访谈。从自身原因、家庭教育及学校教育出发,整理相应的访谈结果,对学生负向行为进行早期识别。访谈遵从保密原则、真诚温暖原则、平等尊重原则、以学生为本原则等。

1. 关于调查的相关情况说明

（1）访谈背景。现如今中小学生的心理问题越发突出,随着学生出现负向行为的情况愈加严重,我校研究发现,存在心理困扰的学生的年龄段不断下移。调查发现,不论是刚刚踏入小学校园的一年级学生,还是初三学生,都有不同程度的心理困扰。

（2）访谈目的。为了对学生负向行为作出早期识别,从而进行相应的系统干预,对部分有负向行为的学生进行访谈,帮助研究者更准确、更及时地了解、评估、探索学生的心理状况,识别负向行为。学生负向行为的产生可能并不只来自家庭,也有可能来自学生个人或社会,因此访谈的对象不单单为学生个人。

(3)访谈对象。访谈对象为学生、任课老师、家长。访谈对象中,部分学生为前期问卷中发现的有潜在负向行为倾向的学生,还有部分学生是选定的有一定判断能力、分析能力的学生。家长为选定学生的家长,老师为全体班主任及部分任课老师。

(4)访谈内容。学生对自我的认识、对同伴间行为的判断、学校的学业压力(如教学内容、方式、进度、课程难易程度等)、家庭教养方式、社区环境等。

(5)访谈的具体操作。研究者根据任课老师、班主任的反馈,结合校心理室对学生进行的心理问卷调查的结果,甄别出存在心理困扰的学生,以此确定访谈对象。随后对这些学生进行个别访谈,访谈结束后与其家长进行单独访谈,最后和相关任课老师进行访谈。共有6张访谈记录表,针对不同访谈对象分别进行访谈。访谈结束后,结合访谈内容判断学生负向行为的成因,包括主要原因、相关原因、诱发因素、发酵因素等。

(6)访谈原则。主要涉及以下原则:

① 保密原则(学生、老师、家长):

a. 在访谈开始前向被访谈者申明保密原则;b. 在访谈中不得向被访谈者透露其他被访谈对象的观点、言论,以防形成误导;c. 访谈结束后不得向任何一方泄露被访谈对象的个人观点;d. 尊重被访谈者及其隐私,不得将其作为谈资;e. 访谈后的记录须妥善保管,不得对外公开,防止丢失泄密。

② 真诚温暖原则(学生):访谈时,访谈者应秉承真诚亲切的态度,用自己的真诚获得学生信任,从而使其愿意诉说。

③ 平等尊重原则(学生):在与学生访谈的过程中,老师应当尊重学生,让双方处于一种平等的状态,从而进行有效访谈。

老师应当摆正位置,和学生有深入的沟通,进一步了解学生内心的想法，这样学生才会向老师敞开心扉，将自己的真实想法主动告诉老师。学生选择主动沟通会使师生关系更加融洽。每一名学生都应当得到他人的尊重，需要老师平等地与他们探讨问题，发表见解。因此老师应尊重学生，重在理解引导，而不包办代替、强制命令。

④ 以学生为本的原则（学生）：以学生为本是教育工作的逻辑起点，在与学生的访谈工作中也应坚持"以学生为本"的原则[①]。访谈的出发点便是为了学生，因此访谈时要怀抱四心：责任心、关爱心、平等心和理解心。访谈中，老师要走进学生心中，不能浮于表面，这样才能起到好的效果。

老师应当从学生的角度出发，看待问题，并学会发现学生所独有的个体差异。每个学生都是独立的，他们的差异也是多样的。因此，认识、教育学生并不是一个简单的过程。老师一定要有耐心，学会等待学生。每一个学生都有属于自己的想法，他们性格不一、能力不一、自身的发展和成长的基础都是不一样的，所以，老师应当秉持"以学生为本"的教育理念。

⑤ "最近一次"原则（学生、老师、家长）：不要让访谈对象一味地描述观点和行为，请他们结合最近一次的场景去具体讲述。把回忆交给被访谈者，把提炼和总结交给访谈者。

在确定了各班中存在负向行为倾向的学生后，研究者本着上述访谈原则和学生本人、同班同学、班主任、任课老师、该生家长及家委会成员进行了访谈。

研究者对于学生的负向行为从主要原因、相关原因、诱发因素及发酵因素等进行了分析总结。

2. 主要原因

（1）单亲家庭环境下的情感缺失。学生性格的形成和家庭环境有着密切的联系。家庭教育对于学生来说起着极其重要的作用，父母是孩子的第一任老师，是孩子最初的模仿对象。因此，家庭教育的作用是学校教育与社会

---

① 万昌烨. 辅导员与大学生谈话的原则与方法[J]. 广西轻工业，2009(12).

教育不能代替的。访谈中有三名存在负向行为的学生便来自单亲家庭,且都跟着父亲。都说父爱如山,父亲的爱是含蓄的,个案中的三位父亲纵使爱孩子,但不会表达,教育方式极其单一粗暴。打骂是父亲唯一的教育方式,父亲又因工作忙碌,与孩子相处时间短。久而久之,孩子会失去与他人沟通的能力,"野蛮"生长,学会像父亲一样,以"恶言"相待,用拳头说话。

(2) 父母缺乏正确的教养方式。访谈中大部分学生认为家庭氛围一般,更有甚者不愿过多提及家庭。很多家长也表示因为工作忙碌,无精力管教孩子,便让老人看管孩子。他们对于孩子的学习很少过问,同时完全依赖辅导班老师教育孩子的也大有人在。

访谈中有学生提出母亲对他的期望很高,但年级越往上,学习的难度就越大,学习成绩往往不太理想。家长越是高要求,孩子越是往下走。家长不关注孩子的心理变化,只一味提要求,指责批评。渐渐地,孩子的身心受到了极为严重的影响,时间一长便会对家长的教育产生对抗、逆反的行为,甚至会产生仇视的心理。

访谈中很多学生谈及父母对其的教养方式是使用暴力。低龄的孩子调皮捣蛋,父母的一顿打让其恐惧,从而不再犯错。但孩子的不犯错源于对暴力的恐惧而不是正视问题。低龄孩子不敢反抗父母,因此会通过撒谎来逃避家长的惩罚。但是随着年龄的增加,随着青春期、叛逆期的到来,孩子对于家长的暴力便会渐渐出现抵触情绪。访谈中家长也提到孩子对于他们的批评充耳不闻,不合作甚至反抗。长期处于暴力下,孩子也会学习家长的暴力行为,渐渐使用暴力来解决问题,最后导致暴力倾向的产生。17个访谈对象中,有2名八年级学生已经出现了攻击倾向。由此可见,父母正确的教养方式极其重要。

访谈对象中也有"亲情过剩"的家长。所谓"亲情过剩"便是溺爱。访谈对象中有一个两年级的学生,由于父母工作忙碌,他渐渐喜欢上玩游戏,并开始问父母要钱。对于孩子的要求,父母选择无条件同意,以至于孩子沉迷游戏且没有了正确的金钱观。另外则是爷爷奶奶的"隔代亲"。老人对孩子百般宠爱,不管孩子的要求、行为是否合理,一概满足。访谈发现,很多家长对子女的缺点、错误不予以教育反而加以庇护,致使孩子产生错误的认知。

综上所述,消极的家庭环境对青少年有着不良影响。

3. 相关原因

(1) 自身因素。很多学生都有一个共性,那就是有"永远都是别人的问题,都是他们先惹我的,我才是受害者"的想法。学生总觉得是别人针对他,一冲动起来,就什么都抛诸脑后了,而大部分冲动行为都是在不经意间发生的,都是意识知觉以外的结果。

很多学生不喜欢倾诉,对待事物较为敏感。当被周围的同学误解或者受到委屈时,他们只能通过带有攻击性的行为去解决问题。

这 17 名被访谈的学生中,低年级的学生在面对家长、老师的教诲时大部分愿意听从,甚至有良好的认错态度。即使不服时,家长的一顿打骂也让其顿时"偃旗息鼓"。但随着他步入青春期,所谓的"逆反心理"表现得越发明显。有研究者指出:青少年在成长过程中,会向家长或者老师表现出对抗的行为,如让他做的事不做,不让他做的非要做,事事对着干。

(2) 社区因素。我校处于多源型人口导入社区。个案访谈的学生中既有来自外省市在本区买房的家庭的、外省市在本区租房的家庭的,也有本市动迁户等。其中,有一个高年级学生居住的小区环境脏、乱、差。有研究表明,孩子长期居住在这种社区,对其心理健康有消极影响。

有一个高年级的孩子虽然是外来务工人员的子女,但是家里经济条件不错。班主任和其母亲多次接触,发现其母亲会刻意隐瞒孩子在家里发生的问题,表示孩子只是在学校里表现出问题,在家一切正常。然而实际上,这个孩子过多接触社会上的闲杂人员和不良信息,其母亲的溺爱,使这个孩子不把老师的教导放在眼里,甚至对学校处分也置之不理。

另外一个孩子,从小跟着父母来到上海,辗转几个区,没有一个欢乐的童年,性格上也出现问题。他缺少在集体环境中的交往机会,不知道如何正确结交朋友。由于缺乏信任感,他产生了攻击行为。

4. 诱发因素

(1) 学习问题。部分家庭对于孩子的成绩有一定要求,但孩子的学习能力达不到。面对家长的不理解、责备,孩子懈怠学习,逐渐想要逃避,直至厌学,有的甚至影响课堂秩序;面对老师的要求,他们开始反抗。

有研究指出,老师和家长掌握着制度的权威,不论是学校还是家庭,成人与学生处于不平等的关系中,使得学生有了向权威者发起挑战的想法。

进入初中后,学业难度提升,学生难以适应。在学业上找不到成就感、甚至倍感失望的学生变得消极,甚至放弃学业。

(2) 沉迷游戏。访谈中发现有两名学生对于电子产品的依赖性很强。其中一名是两年级学生,他不只是单纯地玩游戏,还向家长索要钱财去充值,在日常生活中,说的想的也多与游戏有关。可见,游戏已成为他生活中密不可分的一部分。游戏分散了他的注意力,以致他学习上出现了很大的困难。最为严重的是其父母非但没有采取措施,反而纵容孩子,默许他玩游戏。另一名六年级学生,因为母亲没有能力辅导他的功课,便选择网上辅导班,还给他买了平板电脑,但没有了家长的监督,该生渐渐迷上了游戏。等家长发现孩子的成绩下滑时,才知道平板电脑早已成为孩子的游戏设备。但家长的做法却是有欠考虑的——指责大骂,没收电脑,显然这样的方式是孩子接受不了的。

5. 发酵因素

(1) 同班同学对其不认可。在访谈中,很多学生表示在学校没有朋友。研究者在与班上其他学生的访谈中也发现,部分孩子因为看到存在负向行为的学生做出一些过激行为而害怕他,在平时会有意识回避与他接触。

(2) 对家长、老师的教育方式不认可。老师过分推崇自己的教育权威,忽视了学生的感受。在教学过程中,老师认为学生就应该按时保质保量完成作业,如果学生没有达到要求就是偷懒、态度不端正,应接受老师的指责和惩罚,在这一过程中忽略了学生的感受。面对老师的质问和指责带来的压力，原本对学习就消极的学生会承受不了压力，以沉默、部分遵从、充耳不闻等方式来进行反抗。

一些家长反映，自己的文化程度不高，辅导孩子吃力，在学习上很难给予孩子帮助。面对孩子对学习的消极态度，家长只有无奈；而面对孩子的负向行为，他们要么一味教诲，要么粗暴对待，也有家长感到无所适从。这些不合适的教育方式催生了孩子消极、敷衍、沉默的反抗态度。

存在负向行为的学生通常不思进取，否定自己；在学校因种种不良表现受到老师的批评教育，遭到同学的抱怨；回家后，又要面对家长的训斥，有时还有一通打骂。长久处在这样的气氛下，这些孩子会产生自卑心理、抵触排斥心理，对正确的管教产生反感情绪，更严重时，出现攻击行为。

通过访谈，研究者发现，学生存在负向行为与学生的自我认知、他人的认可程度、学校的学业压力、家庭的教养方式以及社区环境密切有关。针对孩子出现的早期负向行为，老师在访谈中也谈了自己的看法及做法。

黄老师是一名班主任，她认为处理这些问题的方法有很多，但需要不断摸索。可以"南风效应"相关理论为抓手，让学生找到倾吐的对象，化解他的孤独感：

一是倾听学生的苦处，尽量理解他，给他找寻班中愿意和他成为朋友的同学。同辈间可能有更多的共同话题，找到倾吐对象就能减轻抑郁感。

二是让一个学习成绩好的学生帮助他找到学习的自信心，提高学习成绩。

三是鼓励他发挥特长，重新认识自我，释放自己，融入班集体中。

四是走访家庭，家校联合起来，重视学生成长中的问题。

五是利用班会活动缓和学生与家长以及学生与学生之间的关系。

在访谈中，老师们都表示没有一个学生是完美的，如何纠正学生存在的一些问题、正向引导学生是一个长期的过程，因此老师们需要有耐心。当面对这些敏感、特殊的学生时，要公平对待，用爱去包容他们。从访谈中我们得知，学生的负向行为是多因素造成的，其中家庭因素是主要因素。

苏霍姆林斯基曾说过:"教育的效果取决于学校和家庭的教育影响的一致性。"家校协同对于中小学生的心理健康教育有着关键作用,只有家校配合起来才能及时解决学生成长中的问题,才能让孩子做回情绪的主人,在爱中健康成长。

附件二

老师访谈记录表【班主任】(表1)

访谈对象		访谈时间	
访谈地点		访谈人	
访 谈 提 纲			
1. 在您的班级中是否存在一些较特殊的孩子,如以自我为中心,不听从旁人的意见。 2. 在您管理班级的过程中,是否发现过有学生会因一些微小的事情受到刺激而突然爆发并伴有冲动行为? 3. 当您教育学生时,他/她是否会采用沉默来应对许多事,对您的批评不予理会、消极对待,甚至表现出明显的抗拒。 4. 在您的班级中是否存在一些性格内向、不喜欢与他人交谈的学生?他/她遇事消极躲避和拖延,不应说谎的时候仍然会说谎,有意编造。 5. 在您的班级中有没有学生会经常用言语挖苦讽刺同学,或用武力去攻击对方? 6. 针对学生出现的负向行为,您是如何解决的? 7. 您采取一定措施后是否有效? 8. 您是否会持续关注存在负向行为的学生?			
访 谈 记 录			
访 谈 总 结			

老师访谈记录表【学科老师】(表2)

访谈对象		访谈时间	
访谈地点		访谈人	

访 谈 提 纲

1. 在您的课堂上是否有学生会无视课堂纪律,以自我为中心,老师在与不在没有什么两样?
2. 当您教育学生时,他/她是会虚心接受还是以沉默来应对?有没有出现过不尊重老师的行为?
3. 您在执教的班级里是否发现过有学生会因一些微小的事情受到刺激而突然爆发并伴有冲动行为?
4. 您教育学生时,是否会有学生在不应该说谎的时候还是会说谎,有意编造?不愿意积极配合老师解决问题,始终以一种消极躲避或拖延的态度对待?
5. 您在执教的班级中是否见过或听其他同学报告说,有学生经常用言语挖苦讽刺同学,或用武力去攻击对方?
6. 面对不配合的学生,您一般会采取怎样的措施?
7. 您采取一定措施后是否有效?如果无效,您会怎么做?
8. 您怎么看待存在负向行为的学生?

访 谈 记 录
(对每个问题进行记录,每一条都须涉及)

访 谈 总 结
(结合上述访谈内容进行总结)

学生访谈记录表【个案学生】(表3)

姓名_____ 性别_____ 年级_____
访谈人_____ 访谈地点_____ 访谈时间_____
访谈记录要求：表格左侧部分为本次访谈的提纲；访谈中将学生的回答记录在空白处，须作详细记录；根据访谈时所了解到的情况在表格右侧作"初步判断"。

第一部分：学生对自我的认识		初步判断
A1	你觉得你的性格怎么样？你有没有觉得自己非常不同，不愿意接受别人的意见？这样的感觉是偶尔出现还是时常出现？ 记录：	他/她 不自我 一般自我 过度自我
A2	如果遇到一些不高兴的事情，你是否愿意与他人交流？遇到困难，你是想办法解决还是选择消极躲避和拖延？你是否有过不应说谎的时候仍然会说谎，有意编造？ 记录：	他/她 无明显特征 性格内向 内向逃避 逃避而说谎型
A3	你是否会因微小的事情受到刺激而突然情绪失控，无法控制自己的愤怒情绪并伴有冲动行为？（如号啕大哭、嘶吼咆哮、砸东西、损坏物品、心绪不定、产生伤害他人的想法、离家出走、产生轻生念头） 记录：	【冲动性】的应对方式 他/她 不冲动 较冲动 易冲动
A4	当老师或者家长批评教育你时，你会虚心听取还是总会采用沉默来应对？有没有因为老师或家长的批评，而对他们出现敌意、排斥心理，甚至会怒视师长，气呼呼地看着周围？ 记录：	他/她 愿意合作 不愿意合作 不合作、反抗型

续表

第一部分：学生对自我的认识		初步判断
A5	请问你在和他人发生矛盾的时候或者愤怒时是否会在言语上或者肢体上做出攻击行为？（如说脏话骂人、动手打人） 记录：	他/她 具有攻击倾向
第二部分：与同伴间的关系		初步判断
B1	遇到难以解决的困难时，会有同学来帮助你吗？你会愿意向自己的同伴倾诉或者求助吗？ 记录：	有困难时，他/她主观【感受到的人际支持】 少 无
B2	在学校或者其他地方你是否结交到朋友？你有一起玩耍、倾诉的对象吗？ 记录：	他/她的【朋友支持】是否充足 少 无
B3	（被别人议论时）你对于他人（父母家人、老师同学、朋友）对你的评价，你会有什么想法？是否不安？能不能说一说面对此类情况作何感想？ 记录：	他/她对事件的【敏感性】
第三部分：学校的学业压力		初步判断
C1	在学习上你是否有压力？ 如果有，能说说是哪方面让你感到有困难、有压力？（如教学内容、方式、进度、课程难易程度等） 记录：	学习压力是否影响其心理

续表

第三部分：学校的学业压力		初步判断
C2	当你在学习上遇到困难,你是会选择去解决它还是逃避?在学习上,你是否产生过排斥情绪,偶尔还是一直? 记录：	对于学习的态度
第四部分：家庭教养方式		初步判断
D1	你觉得你的家庭氛围如何?你喜欢待在家里吗? 记录：	他/她的家庭支持度
D2	面对家长对你的批评,你是会虚心接受还是充耳不闻、非常抗拒,甚至会有不尊重家长的行为? 记录：	学生不合作、反抗型
D3	当你出现情绪失控的情况时,你的家人会怎么做?他们是如何对待你的一些负向行为的? 记录：	父母的态度、教育方式
第五部分：社区环境		初步判断
E1	你是本市户口还是外省市户口? (1) 如果是本市户口,请问属于哪一类型? (2) 如果是新上海人,请问是什么原因让你们选择在上海生活? (3) 如果外省市户口,请问您现在的房屋是购买的还是租赁的?积分是否达标? 记录：	了解该生家庭属于哪一类人口导入

续表

第五部分:社区环境		初步判断
E2	你是否认识一些社会人员(辍学未成年人/成年人)?如果认识,能说说你们是怎么认识的吗?你们之间平时往来多吗?具体会做些什么? 记录:	社会人员对其影响

访 谈 汇 总

学生访谈记录表【其他学生】(表4)

学生姓名		访谈老师	
访 谈 提 纲			
1. 在你的班级里是否有一些比较特殊的同学?例如,不配合老师工作、和同学相处不愉快、容易暴躁,产生极端情绪甚至出现一些冲动的行为? 2. 在平时的学习中,你是否和这些存在负向行为的同学有过接触? 3. 如果这些同学遇到困难,你会帮助他们吗? 4. 你认为班级里有负向行为的同学是否会影响其他人的学习? 5. 你是怎么看待这些存在负向行为的同学的?			
访 谈 记 录			
访 谈 总 结			
备注			

家长访谈记录表【负向行为学生家长】(表5)

学生姓名		访谈老师	
家长姓名		关　系	

访 谈 提 纲

第一部分：社区环境
1. 请问您和家人是本市户口还是外省市户口？如果是本市户口,请问属于哪一类型？
2. 如果是新上海人,请问是什么原因让你们选择在上海生活？
3. 如果是外省市户口,请问您现在的房屋是购买的还是租赁的？积分是否达标？
【了解该生家庭属于哪一类人口导入】

第二部分：学生负向行为表现
1. 您的孩子平时在家会听从家长或其他长辈的意见吗？有没有以自我为中心的情况？
2. 您的孩子的性格怎么样？平时在家会和你们交流吗？生活中孩子是否对你们撒过谎？
3. 您的孩子有没有因一些微小的事情受到刺激而情绪爆发、不能自控？当您的孩子情绪失控时具体会有哪些行为？愤怒时,孩子会怎么做？
4. 当您教育孩子时,他/她是否会虚心接受？是否出现过对您的批评充耳不闻的现象,或者怒视您？
5. 您的孩子在生活中是否有过在语言上讽刺他人或用武力去攻击他人？

第三部分：家庭教养方式
1. 请问孩子平时在家的表现如何？在生活上和学习上是怎样的状态？
2. 家庭中主要由谁负责照顾孩子的起居与学习？他/她是一个怎样的人？什么性格？
3. 孩子在家里和谁的关系比较好？他是如何表现他的亲近感的？
4. 您和您的丈夫/妻子工作繁忙吗？平时和孩子相处的时间多吗？会带孩子出去玩吗？还是以待在家里为主？
5. 面对孩子出现的一些情况,做过专门的教育咨询吗？当时有什么建议吗？
6. 请问在孩子的成长过程中,可曾发生过一些较特别的事,给你们或孩子留下深刻的印象,孩子是否因此有些变化？

访 谈 记 录

访 谈 总 结

备注

家长访谈记录表【家委会成员】(表6)

学生姓名		访谈老师	
家长姓名		关　系	

访　谈　提　纲
第一部分：对学校的看法 1. 作为家委会的成员，请问您了解我校吗？能说说是什么原因选择让孩子在我校就读？ 2. 您是否了解社会对我校的评价？ 3. 您知道家长对我校的了解或评价吗？ 第二部分：学生是否存在负向行为 1. 您是否从自家孩子口中了解到班级或年级中有存在负向行为的学生？ 2. 您是否从其他家长口中了解到班级或年级中有存在负向行为的学生？ 3. 您是否接触过存在负向行为的学生？如果有，能谈谈您对他/她的看法吗？ 4. 您有接触过存在负向行为学生的家长吗？如果有，能谈谈您对他/她的看法吗？ 第三部分：学生的负向行为带来的负面影响 1. 您觉得班中存在负向行为的学生是否会对班内学生造成影响？ 2. 您是否听说过其他家长或学生对存在负向行为的学生有所不满或抱怨？ 3. 您是否了解老师或者学校是如何教育存在负向行为的学生的？ 4. 您是如何看待学生的负向行为的？您有何建议，或者希望学校怎么做？

访　谈　记　录 （对每个问题进行记录，每一条都须涉及）

访　谈　总　结

早期识别小结

早期识别	类型	
	理由	

(三)多源型人口导入社区学生负向行为的早期识别与评估的观察分析

1. 调查目的

本报告通过对学生课堂、课外活动的观察,结合家长及同学的反馈,观察学生和人沟通与合作的表现,收集意见,对学生进行负向行为的早期识别和分类,构建对负向行为的有效指导策略和方法,获得规律并进行系统干预。

儿童青少年阶段的负向行为在不同年龄阶段都有较高的发生率,会影响学生的身心发展和学业成绩。学生负向行为产生前,要重视其事先的系统干预。中小学生正处在行为养成的重要时期,他们的心理、生理、思维方式的养成与生活环境及教育方式有很大关系。对学生的负向行为进行早期识别与系统干预,是很有必要的。

观察对象为本校1~9年级的部分学生。观察类型及其实施方式为对学生的课堂、课外活动进行观察,结合家长及同学的反馈,观察学生和人沟通与合作的表现,完成学生负向行为早期识别观察表。

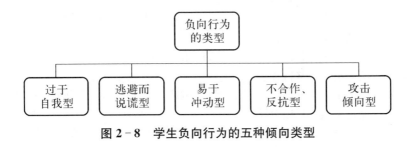

图2-8 学生负向行为的五种倾向类型

学生负向行为有五种类型,见图2-8。

(1)过于自我型:时常觉得自己与众不同,是不平凡和独一无二的,听不进旁人建议,以自我为中心。

(2)逃避而说谎型:性格内向,不愿与他人交流,遇事消极躲避和拖延。不应说谎的时候仍然会说谎,有意编造。

（3）易于冲动型:经常因为受到一些小事情的刺激而突然变得很暴躁,难以控制自己愤怒的情绪,伴有十分冲动的行为。

（4）不合作、反抗型:总会以沉默来应对许多事,对师长会瞪眼,气呼呼地看着周围。

（5）攻击倾向型:用言语挖苦讽刺同学,或用武力去攻击对方。

2. 调查分析

结合我校实际情况,班主任在问卷的基础上,分析班级里有负向行为倾向的同学,加上日常的观察,共收集了典型案例17个,见表2-5。

表2-5 学生负向行为系统干预个案汇总表

序号	个案名称
1	爱首航　严护航 ——学生过于自我型负向行为的早期识别与系统干预的个案研究
2	家校合作　共筑孩子成长坦途 ——学生逃避而说谎型负向行为的早期识别与系统干预的个案研究
3	天使中的"小魔鬼" ——学生易于冲动型负向行为的早期识别与系统干预的个案研究
4	克服情绪冲动从自身开始 ——学生易于冲动型负向行为的早期识别与系统干预的个案研究
5	共情思考　关爱耐心 ——学生不合作、反抗型负向行为的早期识别和系统干预的个案研究
6	耐心引导　坚持改变 ——学生不合作、反抗型负向行为的早期识别与系统干预的个案研究
7	制造契机　积极引导 ——学生攻击倾向型负向行为的早期识别与系统干预的个案研究
8	科学引导　助其成长 ——学生攻击倾向型负向行为的早期识别与系统干预的个案研究
9	用公平去尊重,用"偏爱"去激励,用爱去感化 ——学生逃避而说谎型负向行为早期识别与系统干预的个案研究
10	关注个性　发挥优点 ——学生过于自我型负向行为的早期识别与系统干预的个案研究

续表

序号	个案名称
11	拥抱孩子　给予改变的力量 ——学生攻击倾向型负向行为早期识别与系统干预的个案研究
12	悦纳自己　持续关爱 ——学生攻击倾向型负向行为的早期识别与系统干预的个案研究
13	家校联手　共促成长 ——学生逃避而说谎型＋不合作、反抗型负向行为的早期识别与系统干预的个案研究
14	从自己的"冲动攻击论"怪圈中跳出来 ——学生易于冲动型＋攻击倾向型负向行为的早期识别与系统干预的个案研究
15	自我救赎　因势利导 ——学生攻击倾向型＋易于冲动型负向行为的早期识别与系统干预的个案研究
16	情绪管理　正向鼓励 ——学生攻击倾向型＋易于冲动型负向行为的早期识别与系统干预的个案研究
17	积极介入孤儿的"自我污名" ——极端特殊家庭学生负向行为的早期识别与系统干预的个案研究

调查后，我们对典型案例中作了分类总结。

（1）过于自我型，见表2-6。

表2-6　过于自我型学生负向行为摘取

	姓　名	小星	性别	男	年龄	12岁
案例1	负向行为类别	过于自我型					
	课堂表现	课堂上认为老师上课的内容自己都会，随意插嘴，还说一些与课程无关的话；觉得自己说的都对，影响其他同学听课，也影响老师的上课进度。喜欢在课堂上或者公共场合发表自己的意见，对于老师和同学提出的意见或批评不予理睬，还表现得十分反感					

续表

<table>
<tr><td rowspan="4">案例1</td><td>姓　名</td><td>小星</td><td>性别</td><td>男</td><td>年龄</td><td>12岁</td></tr>
<tr><td>家长描述</td><td colspan="5">生活自理能力较强,父母离异,父亲再婚,新妈妈对其很好</td></tr>
<tr><td>同学描述</td><td colspan="5">欺负同学,总认为自己是对的,不接受别人的批评和意见</td></tr>
<tr><td>学习基础</td><td colspan="5">较差</td></tr>
</table>

我们观察发现,过于自我型的学生自我意识过强,时常觉得自己与众不同,是不平凡和独一无二的,听不进旁人建议,以自我为中心。这样的学生,他们只希望满足自己的欲望,不考虑为他人做出牺牲,也不在乎别人的感受,表现得自私自利,希望大家以他为中心,服从他。他们不讲集体纪律,只要集体照顾,否则他们会感到难以忍受和委屈。他们不能服从他人和集体,不愿从客观实际出发。他们要求别人尊重他,但从来没有想过自己也应该尊重别人。他们有强烈的自我意识和严重的个人主义,甚至演变出以自我为中心的极端行为。

（2）逃避而说谎型,见表2-7。

表2-7　逃避而说谎型学生负向行为摘取

<table>
<tr><td rowspan="6">案例2</td><td>姓　名</td><td>小轩</td><td>性别</td><td>男</td><td>年龄</td><td>8岁</td></tr>
<tr><td>负向行为类别</td><td colspan="5">逃避而说谎型</td></tr>
<tr><td>课堂表现</td><td colspan="5">口齿伶俐,但同时又容易急躁。不说话时看上去特别乖巧,一说到学习问题就闹情绪。希望得到表扬,被别人喜欢,但同时很矛盾,害怕自己做不好,时常会显得不自信</td></tr>
<tr><td>家长描述</td><td colspan="5">刚上小学时,就十分抵触去学校,一听说要上学,就会大喊大叫,不愿意进教室,不喜欢与老师和同学相处。放学回家后就说自己头疼、肚子不舒服等,装病不去上学,还说在学校遇到不开心的事情和人,和家长交流没有耐心,发脾气、顶嘴,易怒易爆</td></tr>
<tr><td>同学描述</td><td colspan="5">没耐心,爱顶嘴;遇到小事就会发脾气,容易暴躁,总觉得同学要伤害他,敏感多疑</td></tr>
<tr><td>学习基础</td><td colspan="5">中等</td></tr>
</table>

逃避而说谎型的学生为逃避责任或逃避作业以及避免受到谴责而说谎。这其实也是孩子的一种防御机制。与"虚荣说谎型"不同,逃避而说谎的目的是逃避任务、逃避惩罚、逃避责任等,"虚荣说谎型"的目的是希望得到别人的认可、赞美或关注。随着学生年龄的增长,难以捉摸的谎言变得越来越理所当然,有时家长和老师也辨别不出。

（3）易于冲动型,见表 2-8。

表 2-8 易于冲动型学生负向行为摘取

	姓 名	小刘	性别	男	年龄	15 岁
案例 3	负向行为类别	易于冲动型				
	课堂表现	情绪上容易波动或者不懂得处理自己的负面情绪,进而产生攻击行为				
	家长描述	生活中时常有消极情绪,平时唯一的乐趣就是打电脑游戏,面对虚拟世界和现实世界的差异,越发消极、厌学				
	同学描述	易怒,毁坏同学的东西;与同学发生争执,殴打同学				
	学习基础	较差				
案例 4	姓 名	小陈	性别	男	年龄	14 岁
	负向行为类别	易于冲动型				
	课堂表现	口头禅是"我最讨厌班主任",面对老师的批评不思悔改,还认为老师针对自己,辱骂老师,严重违反课堂纪律				
	家长描述	比较叛逆,但母亲过于溺爱孩子,认为孩子没有过错				
	同学描述	不会考虑他人利益,自私自利,破坏公物或同学物品,不考虑后果				
	学习基础	较差				

易于冲动型的学生遇事不冷静,只要情绪上有一点波动,就完全不加以克制,不分情况、不分场合地肆意发泄。中学生的冲动行为较多,如打架斗殴、网络成瘾、违法犯罪、聚众闹事等。每次爆发,不仅给自身带来挫败感,而且给身边的同学带来极大的负面影响。

(4)不合作、反抗型,见表2-9。

不合作、反抗型在青少年成长中表现得尤为突出。这类学生想通过故意和老师、家长、同学作对,经常搞恶作剧来引起他人对自己的关注,体现存在感,这类学生在反抗期前性格很温顺,很听话,但后来却越来越自作主张、自说自话。如果家长批评他几句,他要么出言顶撞,要么表面顺从,但私下依旧我行我素。如果逼急了,有的孩子甚至通过离家出走或更

表2-9 不合作、反抗型学生负向行为摘取

	姓　　名	小郝	性别	男	年龄	10岁
案例5	负向行为类别	不合作、反抗型				
	课堂表现	在语文学习方面,遇到默写任务和当堂写作,不配合的次数非常多,抵抗情绪很明显。上课时常走神,和后座男生讲话、打闹、做小动作,性格属于外静内动型				
	家长描述	不配合家长,与家长对着来,叛逆,顶嘴				
	同学描述	喜欢捉弄同学,课间故意捣乱				
	学习基础	较差				
	姓　　名	小王	性别	男	年龄	12岁
案例6	负向行为类别	不合作、反抗型				
	课堂表现	上课易开小差、爱说话,常常会影响老师及其他同学上课,却又不愿意接受批评。无论是老师的批评还是同学的劝告都避而不闻,久而久之同学也就不乐意跟他说关于上课、学习方面的事了。当他影响到课堂纪律时,老师的劝告、批评甚至课后详谈都无法解决问题,更有甚者,小王会暴怒顶撞,不愿意接受管教				
	家长描述	在家中比较叛逆,听不得父母的劝告,往往父母的一句批评,他便会暴跳如雷地进行反驳。在家中父亲很严厉,而母亲比较溺爱小王,当父亲对小王进行批评教育时,母亲常常会以"孩子还小""慢慢教"等理由劝阻,使得小王在受到批评时不是进行反驳就是沉默以对				
	同学描述	不能融入小组合作,与同学相处不融洽,易发生矛盾				
	学习基础	较差				

极端的行为来反抗。家长常常对此束手无策,部分家长甚至采用粗暴的打骂手段来应对。这往往会陷入一个恶性循环:家长越粗暴,孩子就越对抗;孩子越对抗,家长就越粗暴。这种恶性循环,往往会导致严重的后果。

(5) 攻击倾向型,见表 2 - 10。

表 2 - 10　攻击倾向型学生负向行为摘要

	姓　名	小李	性别	男	年龄	12 岁
	负向行为类别	攻击倾向型					
案例 7	课堂表现	上课有多动的毛病,听讲极不认真,爱讲话,喜欢去打扰其他同学				
	家长描述	父母工作繁忙,与孩子交流很少,有问题经常是"暴力"解决				
	同学描述	故意损毁他人物品,无端辱骂别人,各种污言秽语不堪入耳,故意打扰、攻击他人				
	学习基础	较差				
	姓　名	小李	性别	女	年龄	12 岁
	负向行为类别	攻击倾向型+易于冲动型				
案例 15	课堂表现	听课精力不集中,自由散漫。上学经常迟到,上课多动,听讲极不认真,爱讲话,喜欢去打扰其他同学,无端辱骂别人				
	家长描述	爱玩手机,和父母顶嘴,不听话。父母工作忙,孩子缺少陪伴、沟通				
	同学描述	在学校里目中无人,看不起其他同学、甚至老师,对一切事物表示得很不屑。希望同学以她为中心,玩游戏时好胜心强,自私自利。只喜欢听表扬,对于批评和建议一概不接受,甚至表现出强烈的逆反抵触情绪。总是口出狂言,脾气暴躁,易怒				
	学习基础	较差				
案例 16	姓　名	ZR	性别	男	年龄	12 岁
	负向行为类别	攻击倾向型+易于冲动型				

续表

案例16	姓　名	ZR	性别	男	年龄	12岁
	课堂表现	心情不好时常常会做出一些失控的行为,如敲桌子、号啕大哭、撕试卷、大喊大叫、掀翻桌椅,甚至冲出教室在走廊吵闹,扬言要用小刀划伤同学				
	家长描述	父母都是二婚,不听父母的话,叛逆,父母经常打骂孩子				
	同学描述	性格暴躁,很冲动,身边的同学都不愿意坐他旁边,经常会有同学或家长来找班主任希望能给他们换座位。有时他会与旁边的同学闹矛盾,然后整节课上喊叫、拍桌子				
	学习基础	较差				

从统计结果来看,攻击倾向型的语言攻击情况要多于直接的身体攻击,而发生直接的身体攻击行为的男孩要多于女孩。女孩之间更多的是言语攻击和间接攻击。攻击行为是一种对他人造成身心伤害的消极行为,它不仅包括直接的身体攻击,也包括言语伤害、愤怒和敌意等。大多数初中生刚进入青春期,身心发育尚不成熟,极易出现冲动行为,所以他们的攻击行为比小学生的攻击行为更具危害性。

在对以上案例进行仔细分析之后,我们归纳出五种负向行为中出现次数较多行为表现,见表2-11、表2-12。

表2-11　五种负向行为的课堂表现

负向行为分类	课　堂　表　现
过于自我型	课堂上喜欢自说自话,插话,以为自己的答案是对的,目中无人,听不得老师的批评与建议
逃避而说谎型	作业经常漏做不做,谎称没带、忘记写了,课堂上不举手发言,不积极主动参与课堂活动
易于冲动型	经常因为一些小事情的刺激而突然变得很暴躁,难以控制愤怒情绪并伴有十分冲动的行为,扰乱课堂秩序,违反课堂纪律
不合作、反抗型	不参与课堂小组学习,老师责备几句就沉默应对,对师长会瞪眼,气呼呼地看着周围
攻击倾向型	课堂上喜欢捉弄别人,对同学和老师在言语上甚至行为上有攻击行为

表 2-12　五种负向行为的日常表现

负向行为分类	日 常 表 现
过于自我型	觉得自己是不平凡的、与众不同的,为人自私自利,损人利己,集体荣誉感较差,自我意识重,做事情不为他人考虑,也不喜欢帮助他人,没有奉献意识
逃避而说谎型	性格内向,不愿与他人交流,遇事消极躲避和拖延,不应说谎的时候仍然会说谎,有意编造
易于冲动型	经常对事物做出激烈反应,如果感到不满意就会生气,并且容易愤怒而做出冲动行为;行为往往难以预料,忽视后果,容易与他人发生冲突和争吵,尤其是在行动受到阻挠或批评时
不合作、反抗型	自作主张,一意孤行;家长批评他几句,他要么出言顶撞,要么就表面答应,但私下依旧我行我素;与同学无法友好相处
攻击倾向型	损坏财物、骂人、起绰号,在语言和行为上有攻击性,用言语挖苦讽刺同学,或用武力去攻击对方,与父母常发生冲突

3. 结果分析

本报告分别对学生的课堂表现、家长描述、同学描述三方面进行观察与分析,对学生早期的负向行为作识别与分类,得出了以下结论:

(1) 攻击行为产生的原因主要有以下三点:一是家庭因素。家长的一言一行都影响着孩子,从案例中我们发现,学生出现这类行为的原因大部分来自家长对其的影响。研究表明,父母离异会让孩子心灵上遭受巨大的打击。孩子一时间无法接受不完整的家庭,家庭结构的缺陷直接导致家庭教育的缺失。家庭是孩子的避风港,家庭的完整性对孩子人格塑造的影响是非常重要的。案例中的父母大多是外来导入人口,文化程度不高,他们没有良好的教育方式,只会用打骂这种简单粗暴的方式来解决问题,进而孩子有样学样,对他人产生攻击行为。

二是学校因素。在大众的认知中,具有负向行为的学生大都很自卑。实际情况并非如此,自卑通常是一种表现形式,但自卑也是自尊的另一种表现形式。这些学生不喜欢被忽视或者被人看不起,因此他们经常会做出一些"另类"的事情来吸引他人的注意,久而久之他们便被定义为有问题的学生。

有些老师对部分学生有偏爱,并且会下意识地在日常行为中表现出来。但这些所谓"有问题"的学生其实更需要得到老师的关心和帮助。如果老师经常责骂他们,那么他们就会慢慢地失去集体认同感,从而逐渐远离集体,长此以往,他们甚至会逃离学校,并在社会上结交一些不良朋友,以寻找认同感。

三是社会因素。目前,离异家庭的数量逐渐增多,由此形成了许多单亲家庭的孩子。失去父母关爱的孩子在心理上受到了极大的创伤。这些学生在学校自卑,对学习没有兴趣,沉默寡言,对生活缺乏期待,容易沾染社会上的一些不良习气。如在浏览了色情书籍和暴力视频后,满嘴脏话粗话,有的人学着电影中的情节,离家出走,有的拉帮结派,扰乱社会治安。这些学生违反校纪、拒绝学习并经常逃学。他们的自控能力低,辨别是非的能力差,不良的社会风气对他们的身心发展造成严重伤害。

(2)部分学生存在双重或多重负向行为,比如有学生性格冲动,脾气暴躁,会因为一些小事歇斯底里地大喊大叫。课堂上经常插话,干扰课堂秩序。当老师批评他时,他会气呼呼地瞪着老师或和老师产生激烈的争吵。有学生具有易于冲动型、反抗型和攻击倾向型等负向行为。随着他的成长,这类学生的脾气会有所改善,课堂上也能约束自己,自控能力有所进步,但是他遇到问题首先想到的除了攻击还是攻击,所以将他的负向行为早期识别为攻击倾向型。

(3)通过家长的描述可知,五种负向行为的产生原因或多过少都与原生家庭有着密不可分的关系。父母是孩子最好的老师,父母的一言一行、家庭和谐与否,都在潜移默化地影响着孩子。在和睦家庭中成长的孩子,他会非常热情开朗,与他人相处融洽;相反,在不和睦或离异再婚家庭中成长的孩子,由于父母长时间争吵,甚至动粗,造成这些孩子心理上、性格上产生变化,有样学样、说脏话、动手打人,选择用暴力来解决问题。所以,父母的相处方式、父母的关系好坏都直接影响孩子的人际交往能力。假如父母对待家庭、孩子和他人都充满了爱,用积极的态度对待生活,给孩子做一个好的榜样,那么孩子自然也会知道怎样做一个充满爱的人,心怀感恩,对生活充满期待。

附件三

学生负向行为早期识别观察表

基本情况		姓名		性别		年龄	
课堂观察（1）	事件发生时间			事件发生地点			
	事件发生经过						
	事件发生原因						
	负向行为表现						
	负向行为发生频度						
	初步处理措施及处理情况						
课堂观察（2）	事件发生时间			事件发生地点			
	事件发生经过						
	事件发生原因						
	负向行为表现						
	负向行为发生频度						
	初步处理措施及处理情况						
日常观察（1）	事件发生时间			事件发生地点			
	事件发生经过						
	事件发生原因						
	负向行为表现						
	负向行为发生频度						
	初步处理措施及处理情况						
日常观察（2）	事件发生时间			事件发生地点			
	事件发生经过						
	事件发生原因						
	负向行为表现						

续表

基本情况	姓名		性别		年龄	
	负向行为发生频度					
	初步处理措施及处理情况					
早期识别	理由					
	类型					
备　注						

四、多源型人口导入社区学生负向行为的特点分析及系统干预研究

（一）多源型人口导入社区学生负向行为的特点分析

教育理论和实践经验认为,对学生的负向行为进行干预,比支持正向行为更紧迫。让每一个孩子都能够健康成长,是学校和老师的职责,尤其是对于一些具有负向行为的学生,需要学校、老师和家长付出更大的精力。

学生的负向行为是指学生不良的、消极的行为,是一些认知上的错误,一般不涉及道德评判。如对负向行为不进行早期识别和系统干预,学生就会逐渐产生课堂问题行为,成为"问题学生",最严重的会形成暴力行为。有"负能量"和"消极行为"的人,一般都会变得平庸,有的甚至会危害社会,给社会、学校和家庭带来严重后果。

学生负向行为一般有五种倾向类型及其表现形式：

一是过于自我型：经常发现自己与众不同,是独一无二和不甘平凡的,听不进旁人建议,以自我为中心。

二是逃避而说谎型：性格内向,不愿与他人交流,遇事消极躲避和拖

延。不应说谎的时候仍然会说谎,有意编造。

三是易于冲动型:因小事受刺激而一下子爆发,无法控制愤怒的情绪,冲动行为。

四是不合作、反抗型:总是沉默应对,对师长瞪眼,气呼呼地看着周围。

五是攻击倾向型:用言语挖苦讽刺同学,或用武力去攻击对方。

(二)多源型人口导入社区学生负向行为的系统干预研究

1. 不同类型的负向行为的成因解析

(1)过于自我型。幼儿在身心发展的过程中,有一个自我意识觉醒、以自我为中心到逐渐认识自我的过程,这是个人发展的重大进步。根据皮亚杰的儿童心理发展理论,当孩子的心理发展从前一阶段进入特定阶段时,孩子的自我中心状态就会发生变化。事实上由于环境及教育等外界因素的影响,可能会导致孩子自我意识过强,不能很好地认识自我,也就是"自我中心"的解除出现了困难。造成这一问题的原因是:

父母的过分溺爱。在家庭生活中,父母对孩子无原则地迁就,事事以孩子为中心,致使这些孩子往往只考虑自己的感受,不考虑他人,也不会体谅他人,更不会与周围的人一起分享,出现过于自我的倾向。

还有一部分学生因为能力或成绩比较突出,经常受到老师的表扬,从而产生自我优越感,久而久之,导致自我中心倾向的出现。

部分学习困难的学生,早期的学习态度不端正、贪玩、自控力差,造成学习基础薄弱,能力欠缺,缺乏对学习的兴趣和信心,学习效率低下,做事拖拉,不听他人劝解。

(2)逃避而说谎型。说谎的类型有:想象型说谎、被迫型说谎、取乐型说谎、侠义型说谎、模仿型说谎、虚荣型说谎,其中以被迫型说谎居多。有的孩子犯了错误,考试不合格,怕受到责罚,便用说谎来掩盖错误,逃避惩罚。有的孩子性格内向,不愿与他人交流,遇事消极躲避和拖延。不应说谎的时候仍然会说谎,有意编造。由于孩子年龄小,还没有形成良好的安全感。性格上敏感多疑,容易出现焦虑、恐惧、不安等多种负面情绪,同时缺乏有效解决问题的能力。他总觉得别人在背后议论自己。造成这一问题的原因是:

家庭方面,缺乏正确引导和有效陪伴,家长与孩子缺少沟通和交流,家人不能即时关注孩子的内心,不能及时解决问题,双方有隔阂。整体家庭氛围不和谐,家庭整体教育理念不协调、不一致,导致孩子缺乏安全感,注意力不集中,无心学习。

学校方面,老师对学生的关心和重视程度不够,过分推崇自己的教育权威,忽视了学生的感受,缺乏有效的、持续的行为纠正措施。

(3) 易于冲动型。从理论上分析,冲动行为产生的原因是多种多样的,有体液说、精神本性说、无意识说等。体液说认为黄胆质、多血质的人较其他类型的人更易冲动,而这种冲动行为源于对事物的困惑和认识不清。精神本性说认为冲动源于人的本性。无意识说则认为冲动行为大多是无意识的不经意的举动。

造成冲动行为的原因包括外部原因(家庭、学校、社会环境等)和内部因素(自身因素)。自身原因如自我管理受损、缺乏自我减压的方法。家庭因素如父母文化水平偏低,在花时间陪伴孩子、教育引导孩子方面做得远远不够。社区因素如孩子所处的社区环境比较复杂,接触的社会人员结构也比较复杂。对于处于青春期的孩子而言,这些因素容易使孩子缺乏安全感。早恋问题、家庭粗暴的教养方式是主要的诱发原因。亲子沟通障碍、家校互动不够等是冲动行为形成的发酵因素。

(4) 不合作、反抗型。成因主要是孩子的逆反心理。通过个案研究我们发现,这些孩子大多逆反心理比较严重,由于学业落后,经常受到老师和家长的冷落,师生关系、同学关系紧张,他们很难融入班集体,往往缺乏成功的体验和他人的认可,经常处于自卑和焦虑当中,不能自拔。由于正常的尊严心理需要不能得到满足,为了减轻焦虑必然会产生自我保护的自卫心理,他们对权威信息及周围人的观点一概否定。这也可能与孩子的性格有关，这类孩子通常性格内向，学习积极性不高，与家长缺乏良好的沟通，导致其在学习和生活中有不合作、反抗的倾向。

随着孩子步入青春期，所谓的"逆反心理"表现得越发明显。有研究者指出：孩子在追求自主性的过程中，如果父母或老师抑制他，你让他朝东，他就朝西；你让他做，他就不做……逆反心理作为一种发展性的心理现象，它具有反抗性、半成熟等特征，青少年的表现更为突出。

有些学生学习动机缺失，"虚心接受、屡教不改"成了他们屡试不爽的招数。

部分学生课堂上欠缺遵守规则的能力，面对老师或家长的批评，情绪变化十分明显，对于他人的批评与否定，他的内心充满敌意。在传统的教育中，家长和老师一直处于权威地位，无论是学校还是家庭都是成年人占主导的世界，因此孩子会有宣泄情绪的想法，并想向权威者发起挑战。

进入初中后学业难度提升，有些学生在学业上找不到成就感，学习动机明显缺乏，甚至因此倍感失望，自然而然地开始消极放弃学业。当这部分学生在正常的学习生活中得不到认可和尊重时，他们就会"另寻出路"，例如与众不同的造型，向权威挑战，在部分后进生中寻找支持，等等。于是，他们在学习生活中不合作甚至反抗。

（5）攻击倾向型。综合相关资料可知，心理学家从攻击行为的动机、起因、表现方式等方面对攻击行为进行了不同的分类。根据行为的动机，攻击行为分为敌意性攻击与工具性攻击。研究者通过研究发现，不同年龄段的儿童攻击行为的类型和表现方式存在着很大的差异，学龄前儿童为得到玩具或者其他物品多表现出工具性攻击，学龄儿童则更多地出现敌意性攻击，如嘲笑、辱骂等。随着年龄增长，儿童更多使用言语攻击而非工具性攻击，男孩表现出比女孩更强的攻击性。

目前城市儿童生活在社区中，尤其缺少伙伴，得不到心灵的慰藉，从而生出一种不信任感，催生了儿童之间的攻击行为。

负向行为产生的原因是多方面的，既有孩子自身的原因，也有家庭、学校和社区的原因,我们在分析这些负向行为时,不妨多从这些角度出发,找出问题的根源,从源头上减少、避免这些负向行为的发生。老师在教育矫正学生这些负向行为的过程中,要关注学生的心理。学生心理问题不是小事,老师和家长要注意观察,及时发现问题,认清问题的严重性。学校层面要适时开展一些形式多样的心理疏导活动,多表扬、鼓励学生,陪学生一起走出心灵的泥沼。除此之外,良好的家校沟通十分必要,老师需要转变观念,主动沟通学生父母,一起及时纠正学生的不良行为,帮助学生更好地解决生活中、学习中遇到的问题,从而达到事半功倍的效果。

2. 不同类型负向行为的干预策略理论研究

(1) 对过于自我型的干预策略:自我中心主义的概念源于皮亚杰关于儿童认知发展阶段的理论。皮亚杰认为,在儿童身心发展的过程中,存在着一个自我意识、自我关注和自我认知的过程,这是个体发展的重大进步。但往往由于环境及教育等外界因素,会导致孩子自我意识过强,不能很好地认识自我。

20世纪60年代,艾尔金德博士在皮亚杰的自我中心主义的基础上引入了青春期自我中心主义的概念,意指青少年无法区分自己感兴趣的内容是否与他人相同。因此,在面对外在事物时,他们通常会用自己的想法来评估他人的想法。艾尔金德认为,青少年的自我中心包括两个方面:虚构的观众和个人神话。前者指青少年认为自己是受到关注的中心,但在实际的社会环境中,这样的人并不存在;后者指青少年认为自己无所不能、独一无二。总的来说,所谓"自我中心是指个体不能区别一个人自己的观点和别人的观点,不能区别一个人自己的活动和对象的变化,把注意集中在自己的观点和自己的动作现象上"[①]。自我中心主义是个体在认知发展过程中出现的客观现象,是一种"稳定的、无意识的知识幻觉",它不涉及道德价值判断。主要表现包括:过度自信、固执己见、自以为是、推卸责任、冷漠自

---

① 王振宏. 青少年心理发展与教育[M]. 西安:陕西师范大学出版社,2012:45.

私和较强的攻击性等。

可通过个别访谈、心理疏导、同伴互助、主题班会等,让学生逐步学会换位思考,多站在他人的角度考虑问题。在实际教学中,要充分发挥个体的自我意识功能,充分调动学生的主观能动性,进行我反省和感悟,从而促进成长。

通过实施干预和行为矫正,绝大部分的学生逐渐学会了礼尚往来,在必要时做出让步,能学着尊重、关心、帮助他人,控制言行,能自我批评、自我激励,发挥主观能动性。对于过于自我的学生,在教育过程中如能充分激励他,发挥其能动性的话,他会形成一个好的面貌。

(2) 对逃避而说谎型的干预策略:达尔文在观察并记录了他2岁儿子的说谎行为后写下了《一个孩子的传记》,这为研究婴幼儿的错误行为开辟了道路。皮亚杰研究发现,6岁以下的儿童无法考虑意图的性质,而是认为所有错误的行为都是错误的。只有在10～11岁的时候,孩子才意识到意向和说谎的关系。他根据幼儿的年龄,将说谎分为故意说谎和说谎行为。在随后的研究中,心理学家对说谎的概念一直没有统一的结论,不同的研究者对说谎给出了不同的定义。例如,Stem 等人(1909)认为有意识地传递虚假信息以欺骗他人的行为是谎言。Lee 等人(2000)认为说谎是指个人有意识地传递虚假信息,使接受者形成虚假的错误信念。Sweetser (1987) 认为说谎不仅是对他人的蓄意欺骗,而且还是一种文化建构。

如今,发展心理学家认为说谎的概念应该包含三个部分:第一,它实际上是错误的;第二,说话的人清楚地知道这不是真的;第三,说话的人希望听的人认为这是真的。目前,我国学界普遍认为谎言必须满足以下三部分:第一,事实成分,即言辞是否与事实相符;第二,故意成分,即说谎者是否可能是故意的;第三,信仰的要素,即说谎者是否相信他所说的①。

---

① 杜春香. 从"不是我做的"到"勇于说实话"——小学儿童说谎行为的研究与干预[D]. 苏州大学,2016.

面对逃避而说谎型学生,要鼓励他上课多举手发言,在课余活动中多交好友,学会真心待人。让学生学会制定计划,遇事不害怕,努力想办法解决问题。学生说谎时,老师或家长应马上指出。

老师可以在教育过程中改变教育方法,循循善诱,对学生晓之以理、动之以情;加强家校沟通,指导家长改变简单粗暴的教育方式,采用合适的方法,走进孩子的内心世界,进一步了解孩子的想法,这样孩子就能把知心话告诉家长和老师,说谎现象也就渐渐减少甚至消失了。

实施系统干预后,如有学生从无法按时上学到能正常上学,在班里表现得很积极,早上不用催促起床了。第一次辅导以后,孩子父亲陪伴孩子上学一周,从一开始的整天陪伴到后来的半天陪伴。第二次辅导后,孩子母亲表示,孩子已经不用陪读了,性格也逐渐变得乐观。对于作业拖拉的学生,不能指望一两个星期甚至一两个月就能改正问题,改正过程中会有反复。半个学期下来,虽然有学生偶尔还会有作业拖拉的现象,但他已经不再逃避了,在老师和家长的监督下作业完成率可以达到90%以上。

(3)对易于冲动型的干预策略:冲动性是人格理论的重要组成部分,是自我管理有缺陷的行为,例如计划不周、寻求感官刺激、无法抑制反应、对延迟奖励的反应相对缺乏等。自我管理受损表现为无法控制自己的行为,被认为是情绪管理、动机唤醒、工作记忆和高级认知功能的缺陷。从发展心理学的角度来看,冲动性被视为自然特征的扩展,表现为正常人群中的一系列个体差异。

冲动行为是任意的、无计划的、鲁莽的、有潜在危险的。冲动行为是自我控制能力差或努力控制能力差的表现,也反映了执行功能的缺陷。冲动行为是冲动性状的外在表现,与许多病态或犯罪行为有关。病态行为,如药物滥用、愤怒爆发、暴力或自残行为、暴饮暴食和缺乏社会责任感,都与冲动控制能力差有关。冲动特征与青少年和成人的犯罪行为有关。冲动行为的波动源于遗传特征、情绪或药理学、神经学因素,这些心理和环境经历的相互作用使个体具有特殊性。

从理论上分析,冲动行为产生的原因也是多种多样的。相关学说有体液说、精神本性说、无意识说等。

此外,还有研究表明,某些因素也容易激发冲动行为,尤其是气味、声音、温度等,从而引发冲动行为。冲动行为更多是不受意识控制的刺激,来源于人的潜意识。只有了解冲动行为发生的根本原因,才能更好地控制其发生。因此,必须从个体的潜意识入手,寻找冲动行为产生的深层次原因。

可以通过主题班会、个别交流,让学生遇事学会多考虑并预计事态的发展;让学生正确认识压力,学会减压,增强学习自信心,总结克服冲动的方法。同时,要鼓励家长与孩子多沟通。

实施干预后,学生比以前更容易敞开心扉了,有时遇到问题也会主动与老师沟通。能经常和老师打招呼,自主性有所提高,也能和同学一起聊天玩耍,没以前那么焦虑和急躁了,课堂表现就有了明显改善,冲动行为逐渐得到控制。

(4) 对不合作、反抗型的干预策略:国内研究者对于学生反抗行为或者师生冲突的成因有如下分析:

一是学校权力的控制。田国秀的《师生冲突:基于福柯的微观权力视角的分析》指出,学校是一个小权力运作的领域,师生关系是一种权力关系,现行学校制度仍沿用传统体制,建立"自上而下运行,注重中央权力,忽视边际权力"的模式。

二是老师权威的过度使用。胡春光在《他们为什么是"捣蛋"学生?——对三名"捣蛋"学生的教育社会学解读》中认为,学生抵抗的原因与老师的刻板印象和学生对他们的权威的抵抗有关。老师对学生片面理解,对教学权威过度尊重,以及学生因抵触而产生内在满足,使得抵触时常发生。王乐的《教育不平等:课堂文化霸权性和反抗性》指出,当老师对学生施加的压力超出学生的承受能力时,学生就会反抗。

三是学生所处的不利地位。吴康宁在《教育社会学》中认为,家长和老师控制着系统的力量。学校和家庭都是成年人控制的规范领域。学生在学校和家庭中都处于弱势,所以会情绪宣泄、挑战权威。周兴国的《课堂里的师生冲突:根源及对策》指出,师生冲突的根源来自三个方面:社会、心理、教育。其中,师生价值观的对立是师生产生对抗性冲突的根本原因。此外,老师能力不足和社会因素也是造成师生矛盾的原因。

四是学生与老师文化的差异。吴康宁指出:老师文化与学生文化的差异也是学生产生叛逆行为和反抗的重要原因。老师文化是"正式文化、权威文化",而学生文化是"令人印象单一、受压迫"的文化。老师有时会采取强制措施让学生了解接受他们的文化。当学生的行为和态度偏离老师的指导时,就会产生冲突、矛盾。

五是学生反抗行为产生的其他原因。蒋平在《师生冲突的原因分析——一个社会学的研究视角》中认为,师生冲突的成因是多层次的,需要从社会转型、社会组织和社会互动的角度进行分析研究。陈贵虎的《社会学视角中的师生冲突》指出,师生之间不同的角色、社会价值观和社会权力是冲突的根源。

有这种情况的学生,应与家长、老师多沟通,学会真心与人交往,理性看待问题,主动面对问题、解决问题。父母要改善亲子关系,使孩子重新回归正常的家庭和学习生活。面对父母及老师的教诲时,学生要学会以冷静、理性的态度去面对问题;也不要排斥来自父母、老师、同学的善意帮助,重新在学习上找回自信,在校园生活中找到快乐。

实施干预后,多数学生的状态有了好转,与老师、同学也能和谐相处,但行为的矫正是一个长期的过程,过程中会有反复,关键是多沟通和交流,树立学生的学习自信心,多加以鼓励和引导。

(5)对攻击倾向型的干预策略:国外对"攻击"的研究形成了较多理论。

一是本能论。弗洛伊德认为,人确实有强烈的攻击本能。释放被压抑的性冲动、释放力比多,是人类的本能。洛伦兹认为本能的发泄,并不一定导致毁灭,例如用消耗体力的运动、冒险和负重活动等来替代具有破坏性的活动。

二是挫折—攻击理论。攻击理论也称为挫败攻击假说,由多拉德于1939年首次提出。该理论认为攻击总是受挫的结果,攻击行为的发生总是以挫败的存在为条件。但很多人受挫后并没有发动攻击,于是米勒及其同事解释说,挫折总是导致攻击,但不一定以明显的方式进行。在20世纪60年代,贝科威茨认为沮丧并不会直接导致攻击,它只是创造了一种警觉或准备攻击的状态,是一种感应。攻击的实际发生还需要一定量的外部触发证据。这在一定程度上克服了挫折和攻击假说的理论缺陷,该假说完全排除了人为中介变量。

三是社会学习理论,又称模仿理论,由心理学家班杜拉于20世纪60年代提出。他认为,攻击行为是通过观察和模仿习得的,是人与环境相互作用的结果,也受多种因素的影响。攻击行为可以通过强化来发展,即"边做边学",或通过模仿他人的攻击行为而产生。

四是社会信息加工理论。20世纪80年代,认知心理学重点研究行为的内在心理机制,尤其是心理认知因素对行为的影响,侧重于揭示攻击行为的规则和机制中的认知调节作用。该理论以信息加工模型为基础,提出攻击行为的社会信息加工模型。该理论认为攻击行为的基本假设是儿童对社会情境的理解会影响他们随后的行为。该模型强调攻击行为的个体因素包括个体的认知方式和个体的原始知识和经验。该模型还为纠正攻击行为提供了方法论基础。

对于这一问题,主要从学生自身、家庭、学校、社区等方面实施干预。平时生活中注重培养学生的良好习惯,告诉父母在教育孩子时,必须身体力行,以身作则。注意培养学生各方面的修养,加强正面引导,努力发现并改正缺点,使其更好地与他人和平相处。家长与老师要从学生的角度出发,帮助他分析利弊,让他学会关爱他人。开展主题班会进行教育引导,教育学生遇事要冷静,意识到犯错是要受到责罚的,多想想攻击行为可能造成的不良后果,克服冲动,减少攻击,提高学生做文明人的意识水平。

经过一段时间的干预后,多数学生攻击行为的发生频率有所降低,但是教育是一个长期的过程,我们只能通过坚持不懈地教育、引导,矫正其行为,尽可能地降低学生攻击行为的发生频率。在实施干预过程中,学生要正确认识自己,养成良好的行为,家长要改变对孩子的教养方式,增进亲子关系,老师要提高育人能力。家—校—社区三位一体,合力形成密切配合的关系网,共同培养青少年健康良好的行为。

五、多源型人口导入社区学生负向行为的成因解析与研究

(一)学生负向行为概况

该报告是一个跟踪报告。根据现有的研究和我校的实际情况,我们先将学生的负向行为进行分类,再逐个进行研究,并对学生的负向行为作了一系列系统干预,研究中积累了17个典型案例。

这些个案具有一定的典型性,负向行为的五种类型均有所体现,有的重点体现在某一方面,有的几种兼而有之。

其中,攻击行为倾向占比较多。可见,攻击行为发生率比较高,要引起足够的重视。初中生正处于青春期,易冲动,因此要特别关注易于冲动型的学生,避免他们因冲动而发生一些不可挽回的后果。

下面是对五种典型的负向行为倾向的分析总结。

(二)不同类型负向行为的解析

1. 过于自我型的产生原因、主要表现及其干预

在幼儿身心发展的过程中,有一个自我意识觉醒、以我为中心到逐渐认识自我的过程,这是成长阶段的一个重大进步。但由于环境及教育等因素,一部分孩子会以自我为中心,自我意识过强,不能很好地认识自我,表

现为为人处事等过于考虑自我。

现实中,家庭教育方式不适合孩子,导致孩子以自我为中心。如当孩子出现一些错误行为时,父母没有及时指出并制止。此外,父母忙于工作,疏于对孩子的管教,缺少与孩子的交流和沟通,而祖辈的"隔代亲"和过度的宠爱导致孩子过于自我。

"自我"主要是指个体对自身存在的认识,是个体对其社会角色进行自我评价的结果。自我意识过度的人往往会感觉与他人不同,认为自己是不平凡和独特的,听不进旁人建议,以自我为中心。过于自我型的学生往往要求周围的人都按照他的想法和要求去做,根本不去考虑别人的想法和需求。这一点不仅体现在学生平时的行为上,更体现在班集体的活动中。在集体活动中,他们我行我素,极端狭隘和自私,很难融入班集体中。

要通过个别访谈、心理疏导、同伴互助、主题班会让学生逐步学会换位思考,多站在他人的角度考虑问题。在平时的教学和日常生活中可以多观察,寻找契机,适时引导,使其自我意识得到充分发挥,激发这些学生的主观能动性,引导其进行自我反省和感悟,从而促进他健康成长。

通过实施干预和行为矫正,绝大部分的学生不再一味地以自我为中心,他们逐渐学会了与他人友好相处,懂得退让,平时在待人接物方面也变得谦和了,能学着尊重、关心他人并尝试着为周围人提供力所能及的帮助,控制自我言行,能做到自我批评、自我激励,发挥主观能动性。我们发现,对于过于自我型的学生,在教育过程中如能充分激励他,发挥其能动性,他会有较大的转变。

2. 逃避而说谎型的产生原因、主要表现及其干预

逃避而说谎型负向行为产生的原因是多方面的,例如年龄、性格、行为、认知等。小学低年级学生由于刚刚进入学校,面对全新的校园环境和新老师、新同学,各方面都还来不及适应,心理上焦虑不安等负面情绪会影响其行为,从而造成行为上的偏差。

家庭方面，部分家长平时忙于工作，缺少有效陪伴，忽视了与孩子心灵上的沟通和交流，或是缺乏有效沟通的技巧，与孩子之间产生隔阂。另外，有的家庭中，长辈的教育观念不一致，经常会发生争吵，导致孩子无法专心学习，进而成为后进生。他们无法坦然面对这些困难和问题，总是想着用说谎的方式去逃避。

在学校，老师对学生的关心和重视程度不够，过分推崇自己的教育权威，忽视了学生的感受，缺乏有效的、持续的行为纠正措施，导致其产生行为偏差。

逃避而说谎型的学生大多属于被迫型说谎。当学生一不小心犯了错误或者考试不及格即将面临惩罚或者责骂时，他们通常会对家长和老师说谎，试图掩盖自己的错误，从而逃避惩罚。也有的学生性格内向，不愿与他人交流，遇事消极躲避和拖延，不应说谎的时候仍然会说谎，有意编造。

对于这样的学生，老师要鼓励他上课多举手发言，在课余活动中多交好友，学会真心待人。学会制定计划，遇事不害怕，努力想办法解决问题。学生说谎时，老师或家长应马上指出，老师可以改变教学策略和方法，学习一些良好的沟通技巧，课余时间多和学生交流，同时指导家长采用合适的方法，进行正确引导，进一步了解孩子内心所想，这样孩子就能把知心话告诉家长和老师，说谎现象也会渐渐减少甚至消失。

实施干预后，案例中的一些学生都有了不同程度的进步：小轩从无法按时上学到能正常上学，在班里表现得很积极。作业拖拉的小梁，虽不能指望其迅速转变，但半个学期下来，在老师和家长的监督下，作业的完成率可以达到90%以上。

3. 易于冲动型的产生原因、主要表现及其干预

易于冲动行为的产生，主要是学生自我管理受损，缺乏自我减压的方法。同时，父母文化水平偏低，在花时间陪伴孩子、教育引导孩子方面做得远远不够。学生所在的人口导入社区环境比较复杂，学生容易接触到社会

闲杂人员,造成其心灵上的不安全感。

对于这类学生,可以通过主题班会、个别交流等,使其遇事学会多考虑并预计事态的发展。正确认识压力,学会减压,增强学习自信心,总结克服冲动的方法。

实施干预后,学生变得比之前更容易敞开心扉,遇到问题也会主动与老师沟通。自主性有所提高,能和同学一起聊天玩耍,也没以前那么焦虑和急躁了。课堂表现有了明显改善,冲动行为逐渐得到控制。

4. 不合作、反抗型的产生原因、主要表现及其干预

不合作、反抗型的学生大多逆反心理比较严重,有长期在学习上挫败的经历,学业相对落后。由于学习成绩不理想,他们极度缺乏自信,得不到班级里大多数同学和老师及家长的认可,自尊心得不到满足,行为方式得不到正面的肯定。于是,他们会想尽一切办法,用另类的方式来满足自己的内心需求。他们会表现出对权威的反抗和叛逆,为人处世上处处不合作甚至是反抗。

不合作、反抗型行为的产生其内在因素可能与学生的性格有关,这类学生通常性格内向,学习积极性不高,在家庭教育上家长缺乏与其良好的沟通。另外,社区的氛围和环境也会对其产生一些负面影响,导致其在学习和生活中有不合作、反抗的倾向。

这类学生经常抱着一种侥幸心理,企图通过狡辩为所犯错误找到借口,学习动机缺失,对学习感到厌烦、心存不满,存在逆反心理,认为父母、老师小题大做、太唠叨,会沉默应对,对师长会瞪眼,气呼呼地看着周围。

对于这一问题,家长要改善亲子关系,减轻、甚至逐渐消除家庭教育的负面影响,使孩子重新回归正常的家庭生活、学习生活中;面对父母及老师的教诲,孩子要学会以冷静、理性的态度去面对问题;转变学习认知,激发动机,不排斥父母、老师、同学的善意帮助,重新在学习上找回自信,在校园生活中找到快乐。

实施干预后,多数学生的状态有了好转,与老师、同学能和谐相处,但行为的矫正是一个长期的过程,重在树立学生的学习自信心,应多加以鼓励和引导。

5. 攻击倾向型的产生原因、主要表现及其干预

攻击行为的产生,主要是亲子间缺乏有效沟通、家庭教养方式粗暴导致的。孟母三迁的故事充分说明了学习环境对孩子成长的重要性,社区环境和文化氛围对孩子有不可估量的影响。良好的社区环境可以助力孩子的成长,相反,嘈杂而纷乱的社区环境会使孩子烦躁不安,甚至习得一些不良的行为习惯。

心理学家根据动机、原因和表现等方面对攻击行为进行了分类,主要有以下类型:根据行为的动机,分为敌对性攻击和工具性攻击;根据行为的原因,分为主动攻击和反应攻击;根据攻击行为的执行方式,分为物理攻击、言语攻击、直接攻击、间接攻击、主动攻击和被动攻击。研究人员发现,不同年龄段的儿童在攻击行为的类型和表现形式上存在较大差异,学龄前儿童往往为了获得玩具或其他物品而表现出工具性攻击,而学龄儿童则更具敌意,如嘲弄、侮辱等。随着年龄的增长,孩子更多使用语言攻击而不是身体攻击,男孩比女孩表现出更强的攻击性。学生的攻击行为的主要表现是用言语挖苦讽刺同学或用武力去攻击对方。

对于这类问题,主要从学生自身、家庭、学校、社区等角度实施干预。平时生活中老师要注重对学生的教育,培养其良好习惯。老师要跟父母常联络,指导父母教育孩子的正确方法。在平时生活中,老师要提高学生的素养,同时以身作则,为学生树立榜样。当学生有进步时,要注意适时多鼓励表扬学生,呵护学生的自尊心,帮助他增强自信心的同时,要从学生的角度出发,帮他分析利弊,让他学会关爱他人。通过开展主题班会,教育学生遇事要冷静,多想想攻击行为可能造成的不良后果,克服冲动,降低攻击行为的发生概率。

经过一段时间的干预后,多数学生的攻击行为发生频率有所下降,但

是教育是一个长期的过程,我们必须坚持不懈地教育、引导,矫正其负向行为。

(三)思考和总结

负向行为的产生原因是多方面的,有孩子自身的原因,也有家庭、学校和社区的原因,我们在分析这些负向行为时,不妨从多角度出发,找出问题的根源,从源头上减少、避免这些负向行为的发生。老师要关注学生的心理。学生心理问题不是小事,老师和家长要注意观察,及时发现问题,认清问题的严重性。当学生出现心理问题时,要耐心询问,并且适时进行沟通。学校应适时开展一些形式多样的心理疏导活动,多表扬、鼓励学生,陪学生一起走出心灵的泥沼。另外,良好的家校沟通技巧十分重要,老师可以主动联系家长就近期学生学习和生活上的问题作沟通,以便及时了解学生的家庭情况和生活环境。学校和家庭的良好沟通,可以及时纠正学生的一些不良行为,帮助学生更好地解决问题,从而达到事半功倍的效果。

由于地域和研究条件的限制,本研究中的所有典型个案都源于上海大学附属学校,从样本的普遍性上来看有一定的局限性,在后续工作中,我们将扩大范围继续进行相关研究,对负向行为的类型也可以再加以提炼和丰富。

六、五种负向行为类型的系统干预策略

我们认为,学生负向行为分为过于自我型、逃避而说谎型、易于冲动型及不合作、反抗型、攻击倾向型这五种类型。

(一)过于自我型的表现形式、成因解析、策略研究等

这类学生经常觉得自己与众不同,是独一无二和不平凡的,听不进旁

人建议,这是一种不健康的心理特征。青少年以自我为中心的表现有:自信心过度膨胀、固执己见、自以为是、推卸责任、冷漠自私和较强的攻击性等。

从社会性的发展层面来看,环境的影响以及教育过程中存在的不恰当行为,会导致儿童并没有实现自我中心的解除,比如有些孩子属于独生子女,在家庭中被过分溺爱,所以潜意识中有以自我为中心的观念,而且没有太多与同伴交流的机会。在心理学中,所谓的自我中心,具体来说就是考虑问题的过程中尝试以个人的意图去进行解释,不会站在他人的角度。

过于自我也即自我中心,皮亚杰认为2～7岁的儿童属于前运算阶段,在这一时期儿童的思维仍然没有成熟,所以在一些特殊的情况下,儿童无法对客体和主体进行区分。具体来说就是儿童在思考问题的时候,只关注主观的内容,对别人的观点接受度比较低,也无法使多种观点进行协调。

20世纪60年代,艾尔金德将皮亚杰的幼儿自我中心理论作为依据,进一步提出"青少年自我中心"这一概念。具体来说,青少年无法对自己及他人关心的内容进行区分,所以在遇到外界事物时就会站在自己的角度去推测他人的想法。艾尔金德认为青少年的自我中心的表现,一是青少年认为自己永远是所有人的焦点,但是从现实情况来看并不是这样的;二是青少年认为自己是独一无二的、全能的、无法被毁灭的。

皮亚杰非常明确地指出,"自我中心主义"这个词,是基于认识论的,并不涉及道德层面。具体来说就是儿童对于事物、他人的一种解释及认识。

自我中心是个体在认知发展过程中所出现的一种客观现象,属于一种稳定的、无意的行为,与道德层面的评判并没有关联。自我中心主义概念有狭义和广义之分:狭义地说,就是学前儿童所体现出来的一种思维特征;而广义地说,自我中心主义在每一个阶段都有可能发生。

个体的自我意识直接受到个体成长、发展的影响。在个体的成长及发展的过程中,自我意识发挥着重要的导向、自我控制和激励的作用。人在发展的过程中,目标是一种重要的导向,如果一个人要有所成就,首先要基于实际情况,制定非常明确的发展目标,这样才能够有努力的方向。正确的自我认知,能够树立起更加科学的"理想自我",在未来的发展过程中,具有明确的目标,直接影响他的情感认知及行动等,这也是个体活动的一种实际动力。如果个体具有足够健全的自我意识,在参与活动的过程中,脑海中就会形成活动目标及结果等,同时会以此作为出发点来制定明确的计划并付出相应的行动,最终达成预期目标。假如一个人在制定了明确的发展目标之后,却没有相应的行动,那也不会得到理想的结果。如果一个人想要获得一定的成就,就要自主、自信、自立。在通往成功的道路上,很多人可能会半途而废,这并不单纯是因为个人才华和机遇不够,而是因为自我控制的能力和意识不足。自我控制,具体来说是自我意识的一种重要体现,是对发展目标的一种保护,也能够带领人们通向成功。如果一个人缺乏自我控制的意识和能力,那么在为人处世上他就会情绪化,而且没有毅力,最终难以获得成功。如果个体拥有健全的自我意识,他就能控制自己的行为和情感,最终会达成预期目标。然而,"理想自我"在具体的实践过程中,也会遇到各种各样的困难。在这种情况下,自我意识就会使个人对自己的情感认知及行为进行及时反省,并且寻找遭遇挫折的主客观因素,作出调整,确保"理想自我"和"现实自我"达到一致。

(二)逃避而说谎型的表现形式、成因解析、策略研究等

说谎的类型一共有六种:被迫型说谎、想象型说谎、取乐型说谎、侠义型说谎、模仿型说谎及虚荣型说谎。

孩子说谎时,老师或家长应马上指出,对于不同的说谎类型,应采取不同的措施。

如对于想象型说谎,有的情况下是孩子的一种想象或幻想的表现。小孩本来就拥有很强的好奇心,脑子里会有各种新奇的想法,会把一些想象的东西当作事实,这是他们心理需求的一种体现,有时也会夸大事实,但是

在大人看来这就是说谎。家长和老师一定要分清楚孩子善意的谎言及恶意的谎言。不能扼杀孩子的想象力,而要给予其一定的鼓励。

对于被迫型说谎,当孩子犯错的时候,或者考试成绩不理想、担心被家长责罚时,他就会通过谎言的形式来逃避责罚。在这种情况下,家长也要寻找自身的问题,比如改变自己的教育方式,让孩子消除恐惧心理。

对于取乐型说谎,有一些孩子会通过谎言的形式来捉弄自己的小伙伴,甚至会有一种得意的心理。针对这些谎言,家长和老师一定要及时予以批评和指正,同时也可以举相关的案例来对孩子进行教育,让他们明白说谎的代价,进而改善说谎的行为。

对于侠义型说谎,有些孩子可能是为了维护自己的小伙伴而选择说谎。比如小明的表妹失手将爸爸的茶杯打破,小明说是自己打破的。在这种情况下,家长和老师也要分清楚孩子说谎的主要动机,并且对其进行积极引导。

对于模仿型说谎,有些家长本身也喜欢说谎,还会引导孩子对他人说谎,渐渐地,孩子就养成了说谎的习惯。父母的行为会潜移默化地影响孩子,所以家长一定要从自身做起,诚实守信。

对于虚荣型说谎,即有些孩子为了防止丢面子,或者是赢得他人的赞许而说谎。对于这种谎言,一方面要理解孩子,另一方面家长和老师也要正面肯定他,但要告诉他只有通过努力才能够真正得到他人的赞扬。

(三)易于冲动型的表现形式、成因解析、策略研究等

冲动性在人格理论中属于非常重要的内容,具体涉及自我管理受损的相关行为,比如没有考虑清楚,或者是计划性比较差等。冲动行为属于一种无计划的、任意的、不计后果的行为表现。冲动行为一般情况下是低自我控制的一种体现,也是执行功能缺失的一种现象。冲动行为具体体现为冲动特质,比如愤怒爆发、滥用药物、自残、无责任感等。冲动行为受遗传及药理学相关神经因素等的影响。

从理论上说,冲动行为产生的原因是多种多样的。

如体液说提出,胆汁质的人性格更加容易冲动;血液质的人也比较冲动,这主要是困惑导致。

如精神本性说。1684年,一名法国哲学家首次指出冲动是人的本性中的一种特质。到了18世纪末,外科医生皮内尔指出很多"悖德狂"的病人没有办法对自己的冲动行为进行控制,虽然他们也知道这是一种不道德的行为,但是却难以控制。

如无意识说。戴维·刘易斯在《非理性冲动》里明确提出,冲动从根本上来说是一种无意识的行为。对于人类而言,很多日常行为都是无意识的。美国学者劳伦斯·斯坦伯格提出,青少年之所以会存在冲动行为,主要是因为个人的情感诉求在不断提升,但自控能力差,一般情况下,25岁后人才能够具有较好的自控力,因此,青少年冲动性比较强。

据已有研究表明,冲动行为大多数情况下是无意识的,为了有效控制冲动行为,首先要从潜意识入手,分析冲动行为的主要原因。

(四)不合作、反抗型的表现形式、成因解析、策略研究等

这类孩子经常抱着一种侥幸心理,企图通过狡辩为所犯错误找到借口;学习动机缺失,对学习感到厌烦、心存不满;存在逆反心理,认为父母、老师小题大做、太唠叨,会以沉默来应对许多事,对师长瞪眼,气呼呼地看着周围。

不合作、反抗型的孩子大多逆反心理比较严重,一般是由于受到了老师、家长的长期责罚和冷落所致。他无法在学习过程中感受到快乐,也没有被他人认可。因此,为了避免焦虑而产生了一种自我保护心理。这类孩子通常性格内向,学习积极性不高,与家长缺乏良好沟通。

在青少年成长的过程中,为了实现自我独立,其会对老师、父母产生一种反抗,比如让他做什么,他偏不做什么,是一种半幼稚半成熟的心理现象,在青少年中比较普遍。

这样的孩子,要与家长、老师多沟通,学会真心与人交往,理性地看待问题,主动面对问题、解决问题。家长要改善亲子关系,减轻、逐渐消除家庭教育的负面影响,使孩子重新回归正常的家庭、学习生活。孩子要学会以冷静、理性的态度去面对问题,转变学习认知,激发动机,理性对待暂时的失利,不排斥来自父母、老师、同学的善意帮助,重新在学习上找回自信,在校园生活中找到快乐。

(五)攻击倾向型的表现形式、成因解析、策略研究等

攻击倾向一般指用言语挖苦讽刺同学,或用武力去攻击对方。攻击行为是对他人故意伤害的一种行为,一般表现为对他人打、抓、撞、骂、责备、威胁等,主要目的就是让被攻击者产生恐惧心理,从而攻击者实现自己的目标。

缺乏亲子间的有效沟通,家庭教养方式粗暴,社会上的不良信息对儿童产生刺激,这些都会让儿童产生攻击倾向。

攻击行为从根本上来说具有一定的复杂性,从进化层面来说,属于适应性的一种体现,比如对于物资的争夺、保护个体的生存及繁衍等。社会学家认为攻击是对他人心理或身体造成痛苦的一种主观行为。总的来说,攻击行为就是故意对他人的心理或身体造成伤害的一种行为,主要特征就是故意伤害性,同时也会伴随一些内在的心理状况,比如对他人的愤恨及仇视。

对此,平时生活中,要注重对孩子的教育:培养孩子良好的习惯,父母一定要以身作则,对孩子进行积极引导,使得他们能够及时改正自己的不足,这样才能够获得更多人的喜爱。家长与老师要从孩子的角度出发,帮他分析利弊,让他学会关爱他人,培养规则意识,教育孩子遇事要冷静,意识到犯错是要受到责罚的,多想想攻击行为可能会造成的不良后果,从而克服冲动,减少攻击行为,提高做文明人的意识水平。

七、多源型人口导入社区学生负向行为早期识别与系统干预案例集

个案1

爱首航　严护航
——学生过于自我型负向行为的早期
识别与系统干预的个案研究

蔡　萍

一、基本情况介绍

小星,男,12岁,五年级。在课堂上无法集中注意力,对于学习不感兴趣,作业拖沓,毫无质量。好动,无自控能力,和同学发生肢体冲突,但又是无心之过,行为习惯较差,因此,在班级内不受同学欢迎。

二、主要的行为表现

(1) 行为习惯方面:上课爱插嘴,说无关紧要的话,喜欢哗众取宠,每次老师提问的话音未落,他就抢答,急需老师给他回答问题的机会。如果老师多次不叫他回答,他还会露出极为不开心的表情。但每次叫他发言,他要么牛头不对马嘴,听得大家丈二和尚摸不着头脑;要么支支吾吾,让大家不想听下去,极其影响课堂教学的正常进度。

(2) 学习态度方面:对待学习随意,无上进心。敷衍了事,对于简单的作业草草写完,对于较难的作业,不动脑子,随意瞎写。自控能力差,需要老师一对一监督辅导。

(3) 生活习惯方面:在校就餐速度快,打扫卫生主动自觉,为老师做事情非常主动。

(4) 心理状态方面:在大班化教育下,长期得不到肯定,有种无所谓的

态度,甚至略有自卑感。

三、早期识别

(1) 自身因素:自控能力欠缺,极其好动,思维能力强,但是不合逻辑。无论学习或做事方面,没有条理性,喜欢想到哪做到哪。

(2) 外部环境因素:家长只关注学业成果,不关注过程性评价,并对其缺乏耐心指导及有效陪伴。在大班化教育下,其行为也未在第一时间得到老师的关注与引导,其受到的批评远多于表扬。

(3) 心理因素:与同龄人相比,其各方面表现得较异常,所以长期受家长、同学及老师的批评及抱怨,造成其表面无所谓、内心较自卑的心理,通常会通过说反话来表达自己的情绪。无论在校还是在家,都装作一副漠不关心的样子,久而久之,对于一些困难就真的无所谓了。

四、个案学生如此表现的原因分析

(1) 家庭的冷落:经过分析,发现小星的这些异常表现主要源头在家庭。小星来自离异家庭,跟随父亲组成了新的家庭。父亲忙于工作,新妈妈忙于照顾幼小的弟弟,无暇顾及他,只关注他的衣食住行,对于他的习惯、性格、学习并不关注,只停留在给他"吃饱穿暖"的阶段。小星得不到家庭的关爱,也不知道怎样去爱别人。对于自己想做的、想要的,会利用"故意闯祸"的方式去获得关注。无论是学习上还是生活上,若得不到满足,就会产生破罐子破摔的念头。

(2) 陋习的养成:小星在缺爱的环境下已经有近7年,学习的懒散习惯形成了5年,无论在心理上还是行为上,他已经接受现状,并且毫无改过之意。加上家长的不关心、老师的正面教育较少,让小星的坏习惯想改也改不了。

五、采取的策略和辅导过程

1. 消除抵触感,建立信任墙

师德的核心素养就是"爱学生"。"爱学生"是老师的魂,是老师的人格体现。陶行知说:"我们深信如果全国老师对于儿童教育都有'鞠躬尽瘁死而后已'的决心,必能为我们民族创造一个伟大的新生命。"爱是春天,我想用我的爱来吹散他心中的冰河，建立起信任之墙。我对小星做了一次访谈，访谈时他坐在座位上表情轻松，流畅应答，谈话轻松愉悦。访谈后我意识到：他经常自我感觉良好，认为自己与众不同，是世间独一无二的存在，听不进旁人建议，以自我为中心。遇到困难，小星有时积极面对，有时选择逃避。他在校同伴不多，或许是因为学习成绩不佳，所以交友不多，但是校外还是有三五好友可以交流分享。对于爸爸的批评指责，小星表现得有些敏感。在学习方面，他应付了事，对自己没有要求。在家庭中，他很少感受到关爱，家人对他的照顾较少，所以关于家庭，他并不很愿意多说。小星家庭为拆迁户，无复杂的人际关系。新妈妈为外来媳妇，教育理念落后，主张所谓的"散养"，使得孩子得不到应有的关爱。所以我采取"约法三章，制定规则"的策略。这个孩子，得让他从心理上认同老师，才会听从老师的教导。因此，我采用宽严相济的方式对待他。课堂上，他随意下座位，插嘴，影响别人上课。课后我找他单独谈话，约法三章，送给他小本子，用来记录他每天的进步之处。如每天能管好自己，做到课堂上不插嘴，不随意下座位，就给自己一颗星，一周集齐五颗星，就能换礼物。礼物种类可以自己选择，先写在本子上。听到我说有奖励，小星顿时眼睛放光，还重复问了一遍："五颗星就可以了吗？"

可是连续两周，小星都没有得到礼物，因为中途总有一两天他没有管好自己。他对自己有些失望，对于得礼物不抱什么希望，课堂上又放任起来，跟后面的同学争座位，把椅子挤得吱呀作响，还随意抢同学的涂改带。当我责问他时，他就会说："我借一下，他不给啊。"

考虑到一开始我对他的要求可能太高，他完成不了，才对自己失去信心。我立即把标准调低了一点，一周得到四颗星，就可以换礼物。"才四颗星？"他再次确认，眼睛里又充满了光芒。

从此以后，每当小星在课堂上认真听了一会儿课，我都会抓住机会不露声色地表扬他。终于他一周集齐了四颗星，得意扬扬地把本子拿给我看。我说："你想要什么礼物呢？本子？""吃的，辣条。"我内心很是诧异，一般学生觉得是垃圾食品的零食,小星连品尝的机会都没有。他是多么孤独、多么需要人来关心他。我很干脆地回答:"好。"当天中午,我去便利店给他买了两包辣条,准备一包当天给,一包下次给。

中午午读的时候,我偷偷塞了一包到他的抽屉,告诫他:"不能在学校吃。"他嘴角微微一笑,故作镇定地把辣条藏在了衣服兜里,跑去了厕所。回来的时候,脸上还有油渍。"老师,小星在学校吃辣条,您看,他脸上还有油。"同学的眼睛是雪亮的,我把小星叫到教室外面,批评了他。其实,我的内心还是高兴的。这包辣条,对于他来说,诱惑真是太大了。当然,在学校奖励他零食,是我的失误。

放学后,我把他叫到办公室,又给了他一包辣条,表扬了他开学以来的进步,对他提出了更多的希望。他欣然接受,离开办公室的时候,他破天荒地说了一句"老师再见"。虽然声音很小、很仓促,但我感觉到他已经接受了我。

2. 帮助提高,增强自信心。

(1)注启发,重引导。进入高年级,学生的思想变化特别大,特别是心理变化比较大,由于即将进入青春期,自我意识、情感需求都逐渐增强,他们有"私密"的心事,如果不及时排除抑郁情绪,对学生的成长是很不利的。这就需要老师的启发和引导。尤其像小星这样的学生,对他的教育无须多讲大道理,这些他都懂。所以,我通过平时的谈话着重让他知晓家庭的实际情况,告诉他父母的事情并不是一个孩子所能左右的,他无法改变现实的家庭环境,只能改变自己,通过改变自己的态度和行为来影响父亲的态度,并教育他要尊重新妈妈,毕竟生活上他离不开新妈妈的照顾。这学期,我曾经几次遇到他的新妈妈,她反映说小星的情况比以前有所好转。

除了在心理上给小星启发引导外,在学习上我也加强督促和引导。有一天早上,我发现一大堆同学聚在小星的座位那里,走过去一看,小星拿着一本画着各种图案的本子在给同学讲解。我先找小星边上的几名学生谈话，得知这是一种电脑游戏的图案。然后，我单独和小星进行了谈话。在平静的交流中，我首先肯定他的头脑聪明灵活，会玩很多游戏，接着指出游戏虽好但不能贪玩，更不能影响早读，影响学习成绩，最后严肃地警告他不可再有类似的"糊涂事"。虽然那天谈话耽误了早锻炼，但我看得出小星还是挺乐意接受的。从那天以后，我发现小星的作业明显比上学期的质量要好，字迹也端正了许多。想必他心服了，并有了实际行动。

（2）常关照，多交流。对于小星，我采用不定期的谈话，只要有空，看见了他就说上几句。如每天早上来，询问一下他是否吃过早饭，或给他一包饼干，并且经常打电话和他的家人保持联系，特别关注他的情绪变化，隔三岔五询问他家里的情况，或问他有没有见过妈妈，都说了些什么。有时看到他在车站等车，我就让他搭车上学，对他嘘寒问暖。看他脸色不好，我就问一问"是不是病了""要不要去医院看病"等，同时也邀请他的妈妈来学校商量孩子的教育问题。从五年级开始，我就一直采用"经常关照问候"的方法，平静地和他交谈，各种话题都谈。

小星特别喜欢打篮球，因为他头脑灵活，反应敏捷。有时打完篮球，满头大汗，我就提醒他注意预防感冒，及时穿上衣服。有时看他兴奋，我就问他"今天打球时有什么有趣的事情？"他会绘声绘色地和我说一些令他激动的、气愤的、高兴的或不满的事情。我乐意当一回听众，让他尽情地抒发情绪，或是偶尔说几句自己的看法和评价，让他的孤寂感少一些。

小星还喜欢看历史故事方面的书，我就把有关历史的书借给他看。隔两天去问问他看到哪里了，是否看得懂。他会告诉我刘邦和项羽的故事，象棋上的楚河和汉界的由来等。

慢慢地，我觉得小星的情绪逐渐稳定了，脾气也不再那么犟了。

常言道："亲其师，信其道。"老师在授业解惑的同时，更需要树立起自己的威信，一旦学生把老师当作信任的对象，老师的效能就会最大化，即老师的影响力和感召力最大化。老师在教授知识的时候，学生愿意听；老师在作心理疏导的时候，学生也愿意接受。这为教育教学工作无形中增添了一剂催化剂,教书育人也更游刃有余。

（3）家校合力,聚成大流。学生出现问题后,单靠校方去解决是不够的。学生产生问题的因素是多种多样的,所以家校合力,双管齐下,才能触动其灵魂。就小星而言,他是一名缺乏家庭温暖的孩子,更需要让其家长更改简单粗暴的教育方式,让家长学会正确的教育方式。所以我邀请小星家长来校做访谈,家长表现得有些紧张,但迎合度相对有点高,这说明家长在有意回避自己的职责及义务。小星之所以有如此的负向行为,来源于家长的负向行为。

记得那时,小星的课堂纪律有了很大进步,已经可以像普通孩子一样坐在教室里上课了。正当我高兴不已的时候,他给了我沉重一击。一天临近放学前,正当我埋头批改试卷的时候,一女生冲进办公室,情绪激动地说:"蔡老师！蔡老师！你去看看,小星干了些什么！把我们的衣服全弄湿了。他在体育课上,还故意拿跳绳打我们。不信您问其他人。"

我赶紧来到教室,质问他:"小星,你刚才做了什么？"

他满脸通红,用笑来掩饰自己的恐惧:"我就是拿水壶喷了一下××的头,其他什么都没干。"

"体育课上你为什么用跳绳打同学？"

"我只是不小心甩到了她,不是故意的。"

"老师,他就是故意的。"一女生补充道,"我排队离他很远,他故意拿跳绳这样甩的。"说完,她还模仿小星的动作来了个情景再现。

"你为什么要拿绳子甩别人？"

"我只是甩了一下,没想到——"

"老师,他还甩了我。"

"老师,小星还抢了我的贴纸。"

"老师,您看,我身上的脏水都是他甩的。"

我生气极了,把他揪出教室,想问清楚他为什么如此欺负同学,欺负了多少同学,没想到他处处狡辩,避重就轻,把责任全都推到别人身上。这已经不是他第一次欺负同学了,以往,我都把事情压下来,单独找他谈话,希望他尊重同学,把同学当朋友,没有想到他今天如此过分。我想,是时候请他爸爸来一趟学校了。于是,当着他的面,我给他爸爸打了电话。没想到他的爸爸来后,不分青红皂白,上来就先狠狠踢了他几脚,大声训斥道:"跪下,给老师道歉。"老师赶忙劝他不要这样打孩子。小星吓得不轻,想哭却不敢哭出声来,脸憋得通红,用手捂着嘴小声啜泣,眼睛闭得紧紧的。我赶紧劝小星爸爸给孩子留点面子,不要在学校打他。当着他爸爸的面,我严厉地批评了小星,让他学会感恩。"同学看到你有进步的时候,是不是给你鼓掌了?班会课上,我问本周谁值得表扬,是不是有同学称赞你了?难道你都忘了……"小星的情绪渐渐缓和下来,他的表情不再是挑衅的、不屑一顾的。我想,他是真的知道错了。

第二天课堂上,我让小星给同学一一赔礼道歉,他都是90度鞠躬,非常诚恳地说:"对不起。"放学后,他偷偷对我说:"老师,您看一下您的桌面上,记得啊。"

"我桌面上有什么?"

"有两个面包,是我自己攒钱买的,对不起,老师,惹您生气了。"

我很感动,我的教育有了效果,只有让他付出爱,他才能做一个有情的人。只有让他体会到父亲的爱,他才能成为一个完整的人。当即,我给小星的爸爸打了电话,表扬了小星,也希望家长能够亲自照顾孩子,托管不能代替父亲的爱。小星的爸爸搪塞说:"我工作忙啊。"我心想,很多父母都是因为忙,才把孩子给耽误了。这一次工作做不通,下次再做。

其后多次,每当我发现小星作业不理想时,我就会给他爸爸打电话,说托管的老师精力有限,希望家长把孩子接回家。功夫不负有心人,终于一天放学,小星爸爸找到我说:"蔡老师,我已经把小星接回家了,以后他有什么问题就直接给我打电话吧。"

"终于想通了?"我打趣地问。

"给了钱也起不到作用,还是我自己教吧。"他牵着小星的手笑笑,"小星,快跟老师再见。"

"老师再见。"孩子的脸上,满满的单纯和快乐。

能与自己的家人在一起,对其他的学生来说是天经地义的事,但对小星来说,却是从天而降的幸福。

当然,小星还是会经常犯小错误,父亲也会抱怨小星让人失望,但是我还是坚定地告诉他,要对孩子有信心,需要时间来改掉小星身上的不良习惯,这可能需要几个月,我们要用放大镜找到小星的细小改变。只要有小小的改变,我们就应该及时表扬和肯定他。家长和老师的鼓励,是他下次做出更大改变的动力。小星在家长和老师的教育下,一定能一点点改掉这么多年以来的坏习惯,虽然过程很艰辛,但我对小星充满了信心。

(4)善掘细缝,期待小苗苗的萌发。我们都知道小问题不解决,久而久之会导致更多的问题,例如越来越不想上学,越来越不自信,越来越不想获得成功,甚至产生过激行为。作为教育者,我深知,一定要找到问题的根源,激发问题学生对各种比赛、活动、测验有兴趣,更有想要赢的决心和信心。问题学生的问题看似只是不愿进步,但是细想之下才会发现这其实是他们心理出现了问题。他们更希望得到认可和尊重,更希望得到表扬和关注。所以,我决不放弃解决学生的每一个问题。我把他们看作是一棵棵需要浇灌的小苗苗,作为园丁的我一定要有一双善于发现问题的眼睛,看到长处,第一时间给予最大化的肯定与表扬。例如:给家长写表扬贺卡,在全班面前肯定他,或者给学生奖品及奖状。总之,要以鼓励的方式起到正向强化的作用,让他有成功后的喜悦感与自豪感。我相信,久而久之,问题学生的问题会越来越少,问题学生的心理问题也会逐步减少。作为园丁的我,在整个过程中,时不时为小苗苗松土、灌溉,正如我对小星提出更多更高的要求,让他成为更好的自己,拥有自己的闪光之处。本学期,为了让小星更好地融入班级,我开展了一些利于他参与的活动。

"一对一互助"小队活动的效果颇佳。在和小星交谈后,我得知他在班级比较钦佩和信任小云,并且一直希望能和小云成为好朋友。所以我找来小云希望她能带头帮助小星,给予他学习上的动力,例如督促他记录回家作业、提醒他背书及订正作业等。在生活上我也给予他关心,例如得知小星一直想去公园搭帐篷野餐,我组织了小队活动,由小云做组长,选了一个周日下午,带上我准备的帐篷,一同去公园野餐,让小星感受到集体的温暖。

(5) 信任赏识,多一些爱。因为调皮的缘故,小星在班里总是被任课老师批评得多,表扬得少。我对几位学科老师做了访谈,总体而言,班级的学生对于老师都是尊重的,对于老师的教育批评都是虚心接受的。孩子有爱说谎、爱插嘴等负向行为,学科老师也是及时制止、纠正及教育的。老师能透过现象看本质,并没有把孩子单纯分为好与坏两类。但小星非常情绪化,一方面他极度渴望得到老师和同学的认可,另一方面当老师表扬其他同学的时候,他表现出不屑和无所谓的样子,甚至插嘴捣乱。

一年一度的体育节到了,这是男生最喜欢的节日。这是一个好的教育机会,小星的运动能力非常强,在报名前,我单独问他:"你体育成绩怎么样?"

"可以啊,我跑得很快,不信你问××(班级足球队的同学)。"

"那给你报名 100 米跑吧,你行吗?"

"我肯定拿第一。"他信心十足地说。

没想到运动会当天,小星在比赛时鞋子掉了,只得了最后一名,一瘸一拐地走完了比赛,遭到了其他班级同学的嘲笑,独自一人黯然地从跑道走回班级。我本想安慰一下他,他却把身子一扭,头也不回地走了。他需要自己先消化和冷静。我没有再找他,放学时,我轻轻地提醒他穿一双合脚的鞋会跑得更快,他当作没听见,匆匆离开了校园。

等第二天,男子 4×50 米接力跑时,一名男生因脚痛无法参加,我立马找到小星,他还是躲躲闪闪,不肯正面看我。我一本正经地说:"××没法跑了,脚疼,你赶紧替他跑。"

他不好意思地说:"我的鞋不行。"说着就把脚抬起来给我看,依然是那双又大又旧的鞋子。

"你的鞋子怎么这么大？"

"我哥的。"

"你还有个哥？"

"我妈前夫的儿子。"

于是我赶紧找了个身高与他相当的孩子,让他把鞋子借给小星穿。看着小星在跑道上咬紧牙关、头发飞扬的样子,我竟然眼眶湿润了,他是一个这么可爱的孩子！当他站在领奖台上的一刻,我终于克制不住自己,流下了眼泪。身旁有个细心的女生问："老师,您怎么啦？"

赛后,我第一时间在全班同学面前给了小星一个大大的拥抱,并且大声告诉他："我为你自豪,你真棒！"那一刻,我看到全班同学向他投来钦佩的目光。放学时,他把所有的东西都放在了书包里,唯独拿着一张体育节的奖状晃来晃去。

"小星,把奖状给你爸看？"我笑着问。

"是啊。"他害羞地说。

有了这次体育节的获奖经历,小星的学习动力比以前更足了,每次考试都能合格,考完后总是第一个问："我考得怎么样？"学期末,他如愿以偿地获得了"学习进步奖"。

现在,小星在各个方面都表现不错,与其他同学无异。一次秋游途中,一名同学晕车,在大巴车上吐了,有的同学捂住鼻子一脸嫌恶,但小星却第一个冲上前去帮他擦拭呕吐物。

六、教育成效

通过近一学期的具体工作,小星在学习方面有了不小的进步。在小云的提醒下,他能按时完成作业并且上交,订正作业时积极主动,不再一拖再拖。作业有不会的地方会提问老师,不再破罐子破摔,糊弄老师。在课间休息时,小星很少与同学发生肢体冲突,相反会主动帮助自理能力较差的同学整理桌面、打扫卫生。在课堂上,他能按照老师的要求做笔记,自己能回答的问题也愿意举手交流,更令人欣慰的是他也愿意做个好听众,认真听其他同学的回答。在生活上,小星比以往更加主动积极,同学都说他是一个"小雷锋",有困难会第一时间想到他。其他任课老师反映,小星的学习态度端正了,爸妈也觉得小星不再是一个任性的小孩子,而是一个有思考能力的小大人,仿佛一下子长大了好几岁。

七、个案教育引发的思考

(1) 犯错是必然,用正确的眼光看待成长中的"错"。犯错并不可怕,无论是成年人还是孩子,在所难免。作为教育工作者的我们,对于学生的错误,需要有一面放大镜,及时找到错误的根源,第一时间帮助学生意识到问题所在,让学生不要逃避,明白"知错就改,善莫大焉"的道理。渐渐地,学生会有勇气面对自己的错误,也会有能力减少犯错。

(2) 巧设平台,给予学生更多机会,拥有积极面对挫折和困难的决心。现在的学生大多在温室长大,抗挫折能力需要一点点培育。我们老师所要做的就是,不断激励学生积极面对挫折和困难的自信与决心。不是所有学生都拥有独立面对困难与挫折的心理素质,当老师耐心细致地鼓励与支持他,学生必定能感受到自己身后有强大的支撑,不会畏惧困难,在挫折与困难面前低头,而是笑脸相迎。但仅仅成为学生的坚强后盾还不够,我们还要让学生树立信心,让他们有自信去面对困难,长此以往,学生的心理会越发强大。

老师是学生最亲近的人之一,所以老师就应该是学生的表率,成为学生效仿的对象。老师要善于利用榜样的正面力量,引导学生往自信的路上前行。面对困难,有勇往直前、锲而不舍的精神;面对成长,有艰苦奋斗的决心。但凡受到榜样力量影响的学生,一定是意志坚强、不怕困难的,也一定更容易成功。

(3) 成为善用爱的"医生",用心来感化,用爱来医治。对于出现问题的学生,第一时间不应是批评,而是要从儿童心理学的角度多关注学生的特殊之处。苏霍姆林斯基说:"一个好老师意味着什么?首先意味着他是这样的人,他热爱孩子,感到和孩子交往是一种乐趣,相信每个孩子都能成为一个好人,善于跟他们交朋友,关心孩子的快乐和悲伤,了解孩子的心灵,时刻都不忘记自己也曾是个孩子。"当然,爱那些懂事乖巧的孩子是一件易事,因为这是人的本能。若要去喜欢一个问题不断的学生,那才是对老师的考验,当然,这一定是老师的职责。在一个集体中,那些有问题的学生往往不受待见,会被漠视。对于问题孩子而言,这会无形中加重他们的自我否定,对自我产生怀疑,从而产生心理疾病,严重的会导致畸形人格。我们绝对不能放任不管,要在第一时间给予他爱的温暖,帮助学生解决困扰在心间的疑难杂症,让学生从内而外产生改变。我想,这才是真正意义上的教书育人!

（4）为学生今后的人生路奠定基石、累积经验。老师对于学生的影响是一生的。或许某年某天,学生遇到问题时,他的潜意识会告诉他:"老师教我要前进,而非后退!""老师教我要咬紧牙关,闯过去,而非哭泣!"默默前行,必定能走出自我阴影!

（5）持之以恒,必定能守得云开见月明。学生的问题想要彻底治愈,并非易事。这些问题,会有反复。因此,对于问题学生,老师要心里有爱,眼里有光,晓之以理,动之以情,持之以恒。只有懂得付出的老师,才愿意花时间与精力去不遗余力地感化和帮助学生,才能真正让问题学生意识到自己的问题所在,从而愿意去做出改变。

个案 2

家校合作　共筑孩子成长坦途
——学生逃避而说谎型负向行为的早期
识别与系统干预的个案研究

顾郁明

一、个案选择：负向行为的早期观察与描述记录

小轩,男,8 岁,二年级。小轩的父母是江西人,为了小轩能够来上海读书,夫妻俩到上海做小生意并贷款买了一套房,积分没有达标。平时父母

工作比较忙,没太多时间照顾小轩,有时把他送到亲戚家,让亲戚看着。小轩经常被送去姑姑家,姑姑有个儿子,比小轩大了不少,喜欢玩手机游戏。他玩游戏时小轩只能够看着,一说话会被哥哥骂。有时父母会把小轩送到辅导老师家,也住在辅导老师家,由辅导老师负责看护。辅导老师不是正规机构的老师,就是把自己家改建成教育培训机构,看护孩子。据小轩说,只要他哪里做得不好,辅导老师又打又骂,所以小轩不敢不听他的话。

家长描述:孩子平时在家里只顾玩游戏,不爱跟大人讲话。老是说身体不舒服,其实都是装的,就是不想读书。一天到晚撒谎,向爸爸妈妈骗钱,然后给游戏里的角色充值。有时为了敷衍他,家长就给他钱。教育孩子一般就是一顿揍,打到他怕为止。小轩不太愿意上学,更不情愿进教室,也不喜欢班里的老师和同学。他只要听到上学就会感到害怕,然后说自己肚子疼、发烧。小轩对别人的话十分敏感,总是怀疑别人在背后议论他。他不希望被别人评价,不管人家说的好话还是坏话,他都不喜欢。

老师描述:小轩比较内向,不愿意表达自己,实际是缺乏自信。经常在学校说身体不舒服,想回家休息,其实是因为学习成绩不好,他怕遭到父母和老师的批评。他其实很渴望受到别人的表扬,想得到别人的喜欢,但心里很矛盾,常常担心自己做得不好,所以处事显得不自信,逃避读书。迷上玩游戏的他,会想方设法问父母要钱,给游戏里的角色充值。渐渐地,他只想玩游戏,在学校里,他也会去给一些小男生讲述游戏。

二、个案学生负向行为的早期识别与原因分析

在《长处和困难问卷》中,小轩的行为问题和情绪症状问题显示异常。小轩的行为问题如有时会发脾气,常被指责撒谎或不老实。情绪症状问题如经常觉得头痛、肚子痛,感觉身体不适;经常心事重重;不快乐、心情沉重或流泪;在新环境中会感到紧张,很容易对自己没有信心。他其实是不自信才说谎的,用身体不舒服来逃避困难。老师和家长应当给他信心,让他有信心面对问题。

在《攻击性量表》中,他的身体攻击、替代攻击及愤怒三个指标的数据基本正常,没有过激的想法和攻击行为。只是敌意指标得分偏高,小轩认为生活对他不太公平,很多时候,小轩会觉得有人在背后议论他或是嘲笑他。老师和家长应当多陪伴他,让他对生活重拾信心。

究其原因,主要如下:小轩的父母工作比较忙,很多时候忽视了小轩的教育问题,使小轩没法去交流心里的想法。渐渐地,他觉得只有在网络游戏中才能找到自信。家里人对待小轩都比较冷漠,小轩的年纪太小,缺乏安全感。小轩的父母没有关注到小轩的情绪变化,对于小轩的心理问题,没有妥善引导,缺乏正确的家庭教育方法。

在性格上,小轩缺乏安全感,容易焦虑、不安,遇到事情,习惯逃避和说谎,以此蒙混过关。此外,小轩存在不合理的认知,他总是认为别人在背后议论他、嘲笑他,显得缺乏自信。

三、个案学生的针对性矫正与系统干预措施及环境建构

1. 辅导目标

近期目标:小轩能与同学和老师和睦相处;慢慢改变不合理的认知;慢慢脱离网络世界,在现实世界中树立信心。

长期目标:小轩的个性得到完善,要教会他处理问题的方法,促进他自己解决问题;同时帮助父母改善家庭教育方式,创建适合小轩成长的和谐的家庭氛围。

2. 辅导流程

辅导流程分为两个阶段:对小轩问题的分析;家校互动,共同帮助小轩找到克服负向行为的途径。

在第一阶段,主要是了解小轩平时的心理活动,在家里和学校中的行为表现以及家庭环境、家庭教养方法等。分别与小轩及其父母、班主任、任课老师、同学进行交流,全面了解小轩的情况。

小轩的父母是江西人,为了小轩能够来上海读书,夫妻俩到上海做小生意,家长比较配合老师的访谈,他们对小轩的情况很不满意,但就是改不

了对小轩的打骂习惯,总觉得自己也是这么长大的,而且现在过得还不错。小轩的家长文化水平不高,辅导不了他,只能交给辅导老师。工作忙碌,使得他们不能陪着小轩成长,为了补偿他,总是给他钱,导致他对钱没有正确概念。

小轩坦言,他不想上学的原因是他害怕成绩不好会受到父母及老师的批评与责骂,同时他也害怕被同学议论和嘲笑。小轩没有特长,缺乏自信。所以,小轩喜欢躲在网络世界中,逃避现实中的压抑、郁闷。

小轩的班主任认为小轩活在游戏世界里。小轩没有冲动行为,老师教育他时,他也会应答。但他经常会说自己身体不舒服,逃避学习。他不会去攻击同学,对于他爱说谎,老师经常与他谈心。因为他的负向行为源于缺少父母的爱,虽然老师的爱不能代替,但还是能帮助他解开一些心结。老师会持续关注这个学生。

小轩的英语老师说小轩经常在课上趴着,说自己不舒服,其实大家都知道他是装出来的。在教育他的时候,他认错的态度很好,但是屡教不改。对于他的负向行为,老师用爱去感化他,在他表现出负向行为的时候会去抱抱他,让他感受到老师就在他身边。

小轩班级的班长说小轩经常不舒服,要回家休息,而且很喜欢打游戏。作为班长,他平时会帮助小轩,而班上有些同学也想学他一样,谎称身体不舒服回家去。

可见,小轩是个十分缺少家庭关爱的孩子,父母忙于工作,很少能够照顾到他。在学习上,他没有天赋;在生活上,他很悲观。父母的打骂教育让小轩很没有自尊心,他在网络游戏中找到了自尊心,体验到成功的快感。

第二阶段,需要家长和老师分别找到改正小轩负向行为的途径。

要改变小轩错误的心理认知,首先就是要转变父母的家庭教育方式。与小轩的父母商量之后,小轩的妈妈决定放弃晚上在外兼职,把这些时间都用于陪伴小轩。小轩的爸爸决定一旦有闲暇时间,就尽可能陪伴他,带他出去旅游、吃饭。

小轩各科老师及班主任决定留给小轩更多做作业的时间,对小轩不会做的题目悉心指导,多鼓励少批评,让小轩感受到老师的关心。

四、针对个案学生的系统干预与跟踪监测

1. 第一阶段(第一次家访):明确家访目标、确定干预过程

第一次家访起因是小轩二年级时的一节数学课,小轩说他裤子里有蜜蜂,不愿意上课,神态很慌张,一直把手放在裤裆里,哭闹着要回家换裤子。一开始老师也不知情况是否属实,只能联系家长。家长说小轩可能是昨晚做噩梦了,但鉴于他的表现,只能来给他换一条裤子。换完裤子以后,老师检查作业时发现他没有做作业,他承认自己害怕老师责备所以撒了谎。

鉴于小轩的表现,我在周末对小轩进行了第一次家访。家访中我了解了小轩的家庭情况,小轩长期和父母聚少离多,看管他的人又对待他较冷漠。要改变小轩错误的心理认知,首先就要转变父母的家庭教育方式。与小轩的父母商量之后,他们决定多陪伴小轩,也不再打骂他,让他感受到家庭的温暖。

2. 第二阶段(第二至五次家访):落实干预步骤,完成干预内容

(1) 打开心扉(第二次家访)。一天中午,小轩说头疼得厉害,说自己发烧了,趴在课桌上起不来,饭也不吃。老师带小轩去医务室量体温,体温正常,但老师还是给小轩父母打电话,让小轩父母带他去医院检查。电话回访时我了解到小轩当天不肯去医院,说要回家休息。小轩的妈妈带他回家后就去上班了,结果下班回家她发现小轩在玩游戏,就狠狠批评了他。

小轩的妈妈一回家就联系了我,但我假装不知情,买了些零食、水果去看望小轩。一进门,小轩唯唯诺诺地站在房门背后,脸上还有两个红扑扑的手掌印,我缓缓走到小轩面前,用手抚摸他的后脑勺。

我问道:"小轩,我可以坐在你的椅子上吗?"

小轩没有作声,默默点了点头。

我又说:"小轩,坐在你自己的床上吧,老师是来看望你的,顺便跟你聊

聊天。"

我拉着小轩的手,让他坐在床边,我把零食和水果放在他的写字台上,缓缓坐在椅子上。

小轩两眼注视着我买来的零食和水果,眼睛渐渐发红,他缓缓低下头,不让我看到他流出的眼泪。他抽泣着说道:"老师,我错了,我其实没有不舒服,我是回来玩游戏的,下次不会了。"

我再次摸了摸小轩的后脑勺,从包里拿出纸巾,为他擦去泪水。过了一会儿,我才对小轩说道:"只要你知错能改,还是可以做一个好学生的。"

果然从那以后,小轩在学校里的表现要好多了。

(2)接纳(第三次家访)。前两次家访结束以后,小轩在学校里谎称肚子疼要回家的情况好转了很多。但是他的妈妈还是跟我说他在家里一直玩游戏,作业要很晚才能做完。于是,我又去小轩家家访。这次,我挑的时间正好是他平时玩游戏的时间。

果不其然,我去的时候,小轩在房间里玩游戏。我敲了敲门,小轩不应答。我轻声说道:"小轩,我可以进来吗?"

小轩似乎是听出了我的声音,慌忙说道:"等,等一下。"

过了约半分钟,他跟我说:"顾老师,你进来吧。"

于是,我进了小轩的房间,整齐的被子下有一点点褶皱,平板电脑的一个角露了出来。小轩连忙把它塞了进去。

我走到小轩面前,摸了摸他的后脑勺,对他说:"小轩,是不是在玩游戏呀?"

他不好意思地点了点头。

我笑着对他说:"小轩,你是在玩哪个游戏呀,老师平时也会玩游戏哦。"

小轩惊讶地看着我,跟我娓娓道来游戏中的角色、技能等。直到他讲得有些不好意思了,我又摸了摸他的后脑勺,对他说:"没想到你的表达能力这么强,听你说了这么多,老师也想和你多说说。"于是我从包里拿出数学课本,为他讲解了这几天的知识内容,当中也让小轩讲了很多。

最后,小轩总结时,我没想到他也能说得不错。我对他说:"其实你很聪明,学习没你想象得那么难。老师刚才这么认真地听你说话,那上课时,你是不是也应该认真听老师讲话呢?"

小轩点了点头。

这之后,小轩课堂听讲认真多了,还会主动举手回答问题,成绩也慢慢跟上了。我发现,他似乎慢慢从网络世界回到现实生活了。

3. 第三阶段(第四、第五次家访):结束阶段

小轩渐渐地跟上了同学的进度,受到老师的表扬。原来那个没有自信的小轩,现在变得开朗起来了。找到自信以后,小轩玩游戏的次数少了。我家访时,以帮他补习作业为主。我发现小轩其实是一个非常聪明的孩子,只要耐心地跟他讲,他学得挺快的。在与他妈妈的交流中,我也发现他妈妈对他满意多了。看见老师和妈妈的笑容,小轩也笑了。那是一种雨过天晴后的笑容,是小轩自信的笑容。

五、个案思考

在本案例中,老师和家长在小轩的成长过程中都是十分重要的人,因而,无论父母也好,老师也好,都要给孩子创造一个舒服的环境,这样孩子才能健康快乐成长。对于此案例,我有几点思考:

1. 孩子身上的问题往往凸显出家庭的问题

在小轩的成长过程中,小轩的父母对他来说是无可替代的人。父爱和母爱是孩子最需要的。在任何时候,父母都是孩子可以依靠的港湾。所以,无论父母多么忙碌,都要尽可能地去陪伴自己的孩子,在孩子身上多花些时间,孩子能看得到,更能感受得到。

2. 家校合作,共筑孩子成长坦途

除了在家里,孩子在学校的时间是最多的,所以老师要努力给学生创造良好的学习环境,让学生在学校里能有朋友。老师更要和家长勤沟通,这样才能更加了解学生。只有对学生足够了解,才能对症下药,和家长一

起为孩子共筑成长坦途。

3. 应更加注重与低年级学生的交流

低年级学生心智尚未发育完全,很多时候没有自己的主见,遇到事情不一定知道该怎么做。所以无论是老师还是家长,都应该跟孩子多交流。只有与他深入交流,和他做朋友,才能够为他树立正确的人生观、价值观,他才能成为新时代好少年。

个案 3

天使中的"小魔鬼"

——学生易于冲动型负向行为的早期
识别与系统干预的个案研究

丁业成

一、个案选择:负向行为的早期观察与描述记录

1. 主要情况

小刘,男,15 岁,八年级。个子矮小,坐在第一排,课业属于中上水平。平日课堂上,小刘有时精神不振,无论听课或写字都喜欢趴着,经老师提醒后,他不会像班中一些后进生一样顶嘴或发脾气,通常是抬起头,认真听讲,略有改观,但没过几分钟又恢复原状。此外,他是班级电脑管理员,他几乎每次都能接收老师的课件,还定期整理电脑桌面。课间,小刘沉默寡言,较少主动与同学或老师沟通。因此开始时,作为非班主任的任课老师,我不会把他与"偏差学生"联系在一起。在我心中,小刘是一名内向温顺且有责任心的学生,我也把大部分精力与时间放在其他行为有偏差或者成绩落后的学生身上,除了及时反馈小刘学业上的小问题外,我很少找他谈心。

2. 主要行为

(1) 易怒,毁坏同学东西。作为英语老师,每天我都要求学生掌握当天

的生词及相关知识点。有一天,班中有好几个学生的默写没有在我这里过关,我略显生气地走到教室,询问了理由后才知道原来他们的默写本都被小刘撕得粉碎,无法订正。当时,我简直不敢相信自己的耳朵,这么一个瘦小的男孩子,可以把练习本撕得如此碎,他要用多大的力气才能做到?但又鉴于多名学生异口同声地向我如此解释,还给我看了遭殃的默写本,我相信了这些学生的话。转而,我找到小刘询问缘由。小刘没有否认自己撕默写本的行为,并且低声地说,他觉得今天很烦躁,心情很低落,所以看到周围同学的默写本就撕了。之后,我并没有责备小刘,而是又询问了他烦躁的原因。小刘告诉我,由于昨晚没有认真背诵英语导致今天默写错很多,订正那么多单词和知识点感到很心烦,再加上这段时间作业较之前多了一些,所以心情很糟糕。

(2) 与同学发生争执,殴打同学。一天午间,我在办公室批改作业,只听到有学生到办公室报告,小刘和小梁(班级中的一名女生)打起来了,拉都拉不开。班主任到班级处理完回办公室后,我询问了情况。自从上次撕本子事件后,我更加关注小刘的情绪问题。事情是这样的:中午小梁未经小刘的允许,坐在他座位上,看黑板上的电子屏幕校对答案。小刘见后,不允许小梁坐在自己的座位上,于是让小梁离开。但小梁没有立马离开座位,而是过了一会儿,等校对差不多后才离开,小刘便心生火气,骂了小梁。随后,小梁骂了回去,大概意思是小刘太小气了。就这样,小刘一把抓起小梁的头发,再将她推到墙壁,小梁也不示弱,向小刘还击,于是两人就扭打在一起了。由于我是中途接班,之前小刘的情况我确实不清楚。班主任告诉我,小刘虽然不像班中有些学生攻击频率特别高,但是只要是发生在他身上的打架事件,他都打得比较狠,幸好到目前为止,没有对他人造成不可逆的伤害后果。

(3) 生活中时常出现消极情绪。我对这个"乖男孩"有了新的认识。在办公室一边批改作业一边与同事交流时,我时不时会和其他任课老师谈到小刘的情况。一次,语文老师拿了小刘的随笔给我看,随笔中小刘流露出了厌学的情绪,称希望自己能够天天躺在床上打游戏,还对现在的人生感到无聊。诸如此类的情绪经常出现在他的作文中。我也从批改的英语回家作业中发现,小刘作业的正确性没有太大问题,但是不少时候字体会比后进生还潦草,甚至有几次作业明显是不经过思考胡乱写的。

二、问卷调查及访谈的相关分析

1. 问卷调查的分析

表 2-13 小刘的问卷测试结果

班级	姓名	情绪症状	品行问题	多动注意不能	同伴交往	亲社会行为	困难总分
初二(1)班	小刘	4	7	7	4	3	22

班级	姓名	身体攻击	替代攻击	愤怒	敌意	攻击性总分
初二(1)班	小刘	10	7	10	8	35

在本学期,学校对学生进行了问卷测试,并且将问题学生的问卷返回到班主任处。我向班主任了解了情况。表 2-13 显示小刘品行和多动注意不能得分略有异常(7~10 分为异常范围),同伴交往得分属于边缘范围(4 分为边缘水平,5~10 属于异常),亲社会行为得分属于异常(0~4 分属于异常)。攻击性总分为 35 分(攻击性总分取值区间【20,80】,分数值越低越好)。这样一个平日不善言辞的男孩子,也出现了异常。

2. 访谈的分析

我认为小刘需要得到老师、家长和同学的帮助。于是,我分别找了班主任、小刘本人、其母亲、班级学生和家委会成员进行访谈。从访谈中了解到,小刘几乎所有课都爱趴着上,学习状态不稳定,容易"火山爆发"。小刘对自己的情况有一定的认识,觉得自己容易烦躁,不爱接受别人的建议,兴趣爱好少,喜欢在家打游戏。面对问题选择逃避,甚至会有攻击性。在班中,他几乎没好友,同学们觉得他容易和别人吵起来,而且吵两句有时就打起来了,打人的时候特别狠。课间一般在座位上做自己的事情,也不与其他同学交流。家庭中,由于母亲长期施加压力,小刘与母亲之间有敌对心理,且学习压力较大。因此,小刘对母亲的话经常充耳不闻。家委会成员首先担心的是安全问题。如果同学间有矛盾还动了手,万一造成身体上的伤害可能会影响孩子的一生。家长还认为班上一些经常打游戏或者上课睡觉、讲话的学生势必会影响其他同学的学习。对于这样的学生,老师应该多与家长沟通,正向引导学生。如果学生真的暴躁或者有暴力倾向,应该找专业的心理老师进行干预。

三、个案学生负向行为的早期识别与原因分析

1. 负向行为的早期识别及其必要性

小刘攻击频率不高,在课堂上,除了精神不振外,他从不破坏课堂秩序,虽然厌学但也会大致按照老师的要求完成每日任务,学业成绩不错。他其实完全可以主动找老师诉说学习压力、困惑或者积极地与同学进行沟通。他只是情绪上容易波动或者不懂得处理自己的负面情绪,从而产生攻击行为。但我又觉得小刘的问题不容忽视。第一,老师每天大部分精力都消耗在一些行为极度偏差或者学习有严重困难的学生身上,对于像小刘这部分成绩不错的学生,其实是不公平的,他们在成长路上或多或少也会有疑惑和偏差,需要成年人的开导和引领。第二,我校很多学生的父母是来上海打拼的,他们有的刚在上海立足,有的还正为生活挣扎着,这些父母通常没有足够时间或者缺乏正确的方法来帮助孩子成长,进而班中有不少学生的行为规范较差。另一部分学生为当地拆迁家庭,物质条件相当优厚,又是家中的独生子女,自然倍受宠爱,他们中有些人毫无学习动力,会惹一些事端。小刘不属于以上情况,但他也有负面情绪和负向行为,老师若不注意小刘这类学生的话,工作上是有缺陷的。

对此,我了解了相关的理论:

冲动行为是人内心产生焦虑情绪后的外在表现。在校园生活中,有冲动行为的学生通常表现为遇事容易情绪波动,无法冷静思考和克制情绪,不受控制地随意发泄自己的情绪。这样的人,会给自己和身边的人带来负面影响。冲动性,广义上为自我管理受限,如做事缺乏计划性、行为欠考虑且有时不受控制、寻求感官刺激、更喜欢外在的及时奖励。小刘的行为特征与这些描述相符。

2. 原因分析

(1) 主要原因:自我管理受损。小刘学习计划性不佳,一味追求完成学校任务回家打游戏。课间,经常看到他奋笔疾书,力图尽快完成回家作业。结果,作业字迹潦草又没有适当休息,进而影响上课质量。遇上考试期间,作业量增加,课间时间紧张,他无法预期完成回家作业,便心情不佳。小刘遇事经常未考虑周到就作出反应,与同学有小摩擦。此外,小刘属于多动类型的学生,这也影响了他的学习效率和学习规划。

(2) 相关原因:缺乏自我减压的方法。在与小刘母亲的一次谈话中,我发现小刘的母亲对孩子有很高的要求,但又喜欢护着自己的孩子。此外,据了解小刘身体也不是很好,还患过肺漏气的疾病,所以一直比较瘦弱。如今,学生的课业压力普遍比较大,如果家长对孩子的要求又过高,像小刘这种本身学业成绩不错的学生很容易产生烦躁心理。性格内向、寡言少语的小刘,平时鲜与父母、老师及同学交流,身体又弱,几乎不参加体育运动,唯一的乐趣就是打电脑游戏,面对虚拟世界和现实世界的差异,他便越发消极、厌学。于是,就有了小刘在随笔中表达的——如果每天能够从早到晚打游戏,不需要做其他任何事情就好了。

(3) 系列原因:母亲护子情况严重且亲子间缺乏沟通。小刘与同学打架后,班主任与其父母联系交谈过程中,其父母总是反复强调他人的过错,很少意识到自己孩子的问题并且还认为自己孩子身体弱,别人应当让着他。长此以往,父母的这种思想自然也会影响小刘的处世方式。当他用冲动的方式解决同学间的问题时,他觉得是理所应当的,从未思考过更好的解决方式。此外,小刘父亲不太关心他,平时沟通很少。母亲又只在意他的学习,家人间很少有情感上的沟通,这也导致小刘品行上出现了一些偏差。

四、个案学生的针对性矫正与系统干预措施及环境建构

1. 与小刘分享和探讨减压方式

(1) 正确认识压力。考试前的一段时间,我发现小刘又出现了精神不振、作业潦草、与同学起冲突的情况。我猜想他可能是压力过大,便约了午自习前到走廊上谈心。小刘告诉我,由于要考试了,母亲又天天在家叮嘱他好好复习,他每次听后都觉得心烦又怕考不好会被母亲批评。此外,作业量增多,他觉得很辛苦。我告诉小刘,母亲的叮嘱中有担心的成分,因为小刘的学习态度不稳定,她担心考前他不能积极备考。如果他的学习态度稳定了,那母亲也不会经常叮嘱他了。我还告诉他,学生有学业压力是正常的。不单是学生,不同人群在不同阶段都有压力,学生有学习压力,比如与他打架的女孩小梁,她也有压力。老师也有教学压力,在备课时,总是考虑班中的优秀率能否再提高一点,有什么方法能够调动后进生的学习积极性,等等。我还笑着说,如果碰到有同学打架,老师担心是否会造成不可逆的伤害,影响学生一辈子。我还分享了林丹和李宗伟的例子。这两位羽毛球巨头,他们彼此给予对方压力,从而不断进取。他们每次在世界级的比赛过后,都会交换球衣,互相拥抱,感谢对方的存在使自己不断突破。这一次的聊天,我的愿望是在小刘心中种下一颗种子,让他明白压力的客观存在及积极意义。

(2) 及时减压。英语课本中有一个模块的主题是"健康"。我插入了减压对健康的重要性的内容并让学生讨论减压的方式。课堂上,学生讨论出了一些想法,例如定期体育锻炼减压法、与父母老师诉说压力、去周边踏青调节压力等。我记得小刘当时的回答是听音乐、与家中的宠物玩耍。最后我也展示了自己每天上课的流程单——一张写着今天要完成哪些任务的纸条。我说道:"对老师而言,每天要上很多课,还要夹杂着批作业、批订正、个别辅导等,工作强度曾经一度压得我喘不过气。后来我试着将每天

的任务按照轻重缓急罗列出来,完成的打钩,没完成的反思原因并且加到第二天的任务中。我发现这样做的好处是,我把压力拆分成不同的小目标,逐个击破,这样做事情有头绪又不至于压力过大、不知所措。"课后,我特意走到小刘座位前,问道:"最近压力大吗?""还好。""压力大时,你可以回家找你的小猫玩一会儿,我觉得你的这个方法应该奏效。"小刘微笑着点点头。见到小刘的微笑,我特别欣慰,因为他不是一个经常露出笑容的男孩。

2. 与家庭密切联系

在小刘的家庭中,只有母亲一个人管他的学习生活(在许多家庭中,这样的家庭教育模式并不少见),且母亲面对小刘几次在学校的打架事件,袒护自己的孩子,只找别人的问题。事实上,我发现小刘的母亲只关注他的学业成绩,其余的并不重视。为此,我和班主任趁着家访,一同与小刘母亲探讨了家庭教育的话题。

(1) 不可缺失的父亲教育。我提前查阅了一部分资料,罗斯·派克教授是美国父亲角色研究的专家,他指出人的发展主要受两方面的影响:一是源于母亲的亲密性影响,如仁爱、怜悯、宽厚等;二是源于父亲的独立性影响,如坚毅、果敢、进取等。两方面对人的影响是互补而不可或缺的。所以,最好的家庭教育一定是父母密切合作的。我抓住小刘母亲重视学业成绩的心理,从学习角度提出自己的疑惑——小学时小刘的基础很扎实,学习能力较强,为什么到了初中,成绩一直中游偏上无法突破?小刘的母亲也表示非常担忧和苦恼。借此,根据我所查阅的材料,我指出了母亲独自教育孩子的局限性,并且我分享了身边几位老师的家庭教育模式。探讨结束后,小刘的母亲表示会和父亲商量,重新分工家庭教育。

(2) 把"大"道理细化为具体的"小"目标。小刘母亲喜欢反复讲道理,诸如"要努力,要认真才能考上好高中"。太多的唠叨,使得孩子逆反对抗。我提出将努力学习细化成具体目标,如应该比上次进步多少,甚至是更细化的目标，如每周的英语默写应该达到怎样的水平。更远一些的目标是参考历年中考录取分数，选取一所恰当的学校并为之努力。我再三强调，制定这些目标必须是孩子参与且认同的，然后根据目标的达成与否实施奖惩措施。家访中的部分环节，我们也要求小刘坐着一起讨论。小刘认为花心思共同制定一些目标是能接受且有意义的。

（3）强调亲子交流的重要性。小刘的性格相对内向，通常情况下要等到他"爆发"后才知道最近他又遇到困难和压力了。其实"爆发"前的小刘内心一定是痛苦的，这种痛苦会影响他的学习和生活。我们建议父母多与他谈心，经常主动与他沟通，关注他的心理，理解他的需要和想法，利用节假日带孩子探亲、旅游，到外面吃饭，创造一个轻松和谐的氛围，把握适当时机表达家长的想法，让小刘理解父母的爱。班主任黄老师把我们年级"学霸"的事迹说给小刘母亲听。他经常能找到自己的不足之处想办法加以完善。例如，学校足球比赛，他其实足球踢得并不好，但他让父母为他请了教练，训练了几节课。运动会他报名的800米跑并不是自己的强项，据他奶奶说，运动会前一段时间，他每天早上坚持早起跑步训练。"学霸"不仅学习好，各项活动都会尽力交上满意的答卷，在班中是威信十足的班长，同学们但凡评选荣誉，他永远票数靠前。认识到自己的不足并积极改正是非常重要的。黄老师提醒小刘母亲，在沟通中如果发现孩子认知上有问题，应该用放大镜看自己，用缩小镜看孩子。在学校教育中，老师要鼓励小刘表达内心所想，树立生活和学习的目标，定期与他确定目标及进度条，建立信心并体会控制情绪的成果。

3. 给予自我管理方面的建议

（1）培养学习信心。教育家苏霍姆林斯基："真正的教育是自我教育，是实现自我管理的前提和基础；自我管理则是高水平自我教育的成就和标志。"小刘并不懂得自我教育，他的学习行为几乎都是被动完成的，大多抱着完成任务的心态。小刘在学校时，经常无精打采地趴着写作业或听课，只要看到他状态不佳，我会及时提醒，但收效甚微。一次谈话给了我答案。

"我们的班级很普通，即使认真学也考不上高中。"原来小刘内心很悲观。我心想，激发小刘及班中学生的信心很重要。于是，我找机会在班上特意强调："像我们这种水平的班级，每年也有一部分学生进入高中，甚至进入重点高中。你们要记得，你们是班中的主人，老师只是帮助你们实现理想的人。如果自身不努力，老师无能为力。"之后，我计划将小刘破格放在提优组。提优组每周要额外完成较难的英语阅读，抽时间统一答疑。与小刘商量后，他表示很乐意加入提优组，脸上又露出了一丝笑容。之后，让我更惊喜的是，有一次小刘还迫不及待地主动询问错题。他的学习状态较之前有一定改观，也不那么消极了。

（2）总结克服冲动行事的方法。如今，我校的活动丰富多彩，每月都有主题活动。在心理月中，班主任黄老师布置的作业是以小组形式寻找素材并在班会课讨论，主题围绕青少年的冲动展开。学生们自然而然地从冲动的危害、克服冲动的方法等方面展开。课后，我问黄老师，小刘交流了哪些素材。她说小刘在网上查了一则案例。在一家饺子店里，由于双方发生口角最后导致械斗，造成人员伤亡，最终法院追究了当事人刑事责任及民事赔偿责任。我相信，理论源于实践也能指导实践，能有这样一次讨论，对学生而言，已经打开了一扇大门，进门与否、进门后怎么做，还需要老师的引导。

五、针对个案学生的系统干预与跟踪监测

一次，课后发作业本时，有同学不小心将别人的本子飞到小刘桌上，他二话没说就把本子扔到窗外。我恰好看见，问小刘扔本子的原因。他很烦躁地告诉我，这不是第一次有同学把本子乱飞到他桌子上。我试着从同理心的角度开导他："如果这本子是你的，你会希望被人乱飞后再扔出去吗？"小刘摇摇头却还是一脸愤怒。见状，我认为讲再多的道理也是无用的。于是，我批评了乱扔本子的小王，小刘愤怒的表情消退了不少。我便又对小刘说道："小王有错在先，但他的错误不是你做不合规事情的原因。老师交给你一个任务，下次你发现谁还飞本子，你上前制止，如果这个人屡教不改,你过来跟老师说,可以吗?"小刘说:"好。"之后,我便要求两人一同去把本子捡回来。我还在班中公布由小刘监管同学发本子。后来,班中飞本子的情况几乎没有了,我问小刘:"你有没有制止过飞本子的情况?""有过一次,后来小李就不飞了。"我说:"你看,发生事情,大部分情况下,我们都可以通过与同学或老师沟通来解决问题,还可以寻求老师的帮助,对吗?""对。"

在一次次的谈话中,小刘变得更容易敞开心扉了,有时遇到问题也会主动与老师沟通。加入提优组后,小刘和我的距离近了很多。走廊上,他经常和我打招呼,他还主动要求帮我搬练习本。有几次当堂做完作业后,他主动递到讲台上,让我批改。他的自主性渐渐在提高。可他的回家作业还是"龙飞凤舞",课间,他不与同学交流,同伴间关系紧张,遇事容易起冲突。几次测验成绩没有显著提高后,他又郁郁寡欢。为此,我求助了班主任黄老师,她给了我一些建议。我找到小刘,与他约定,如果作业字迹潦草,那就重做,且我会跟他的父母联系,取消电脑娱乐。之后,很长一段时间他的作业态度好多了,期末的成绩也提高了不少。班主任还安排他课间与其他同学一起去拿点心,久而久之,他和一同拿点心的小徐成了好朋友。班中有团队活动,如运动会、生日会等,班主任也会想办法派给他任务,使得他有机会多与同学们沟通,而不是天天自顾自在课间写作业。渐渐地,我偶尔也会发现他在课间与同学聊天玩耍,他与同学的矛盾也少了一些。

我一直认为这些初中生的情绪普遍还不稳定,生活中的小挫折能极大地影响他们的生活。这时候,一定要想方设法让他们"成功"。小刘学业上的进步,让他整个人没以前那么焦虑和急躁了。生活中他交到了朋友,增添了快乐。总之,小刘各方面正在向好的方向发展。

六、个案思考

无论是小孩,还是成年人,如果遇事不能恰当处理,冲动行事,那就很容易酿成大错。每位老师都是德育工作者,像小刘这样并非很顽劣的学生同样需要老师的关注。遇事及时处理、恰当沟通、家校合作，才能帮助天使们变得更加美好。经过一年多对小刘的关注，我和他的关系更近了，他也比以前活泼了，在班中有了自己的朋友，学期的后两个月内没有发生冲突事件，期末的英语成绩比之前也有了较大的进步。可见，德育和学科教育之间也是息息相关的。事实上，德育是学科教育的基础。

个案4

克服情绪冲动从自身开始
——学生易于冲动型负向行为的早期
识别与系统干预的个案研究

李玉玲

一、个案选择：负向行为的早期观察与描述记录

1. 主要情况

小陈，男，14岁，八年级。从外表看，黝黑的皮肤、精瘦的体格、戴着一副眼镜，小陈给人的总体印象是个精力充沛的"运动型"男生。六年级的时候，通过新生家访及同学和家长口中，我了解到他的很多信息。小陈热爱体育运动，尤其是跑步、足球和篮球。由于在学校的运动时间受限，他时常会去校外运动场所，所以结识了一些外校的同龄人或者其他年级的学生。我班一名同学家长反映：小学四年级时，小陈曾经带同学去桌球房打桌球。小升初到了我们班之后，因为他的种种自由散漫、为所欲为的行为，很多老实乖巧的孩子都很"怕"他。

2. 主要行为

（1）小陈的口头禅"我最讨厌班主任"。由于是新老师，第一次带班做班主任，我格外小心认真。要求孩子们做到的事，我都要求自己先认真做好。学生都比较喜欢我，也能积极回应我。但是，在小陈眼里，一切规矩和

行为规范都成了"限制他人身自由的枷锁"。因此,我常听学生们跟我反映,小陈的口头禅是"我最讨厌班主任"。当他违反校纪校规的时候(比如,他不顾学校规定多次擅自带球到学校,在午休时踢足球、打篮球;他总喜欢和同学到低年级学生所在的楼层玩耍;等等),我就把他叫到办公室一对一谈心。在我面前他的态度是比较诚恳的,所以每次聊完,我都选择相信他下次一定会改过的。然而,我对他的信任换来的是他的"我最讨厌班主任"。

(2)小陈的"不知悔改"和"老师们总是针对我"。作为班主任,我总会时不时询问任课老师对班级上课表现的评价。当听到任课老师对小陈的描述时,在无奈和失望之余,我会认真聆听任课老师反映的客观情况,并且希望任课老师再信任他一次。作为班主任的我,一直对小陈抱有希望,我愿意相信总有一天他会真正悔改的。然而,六、七年级时候大家对他的宽容导致他极其自我。面对校规、班规,他无所顾忌,企图在学校"称王称霸",随心所欲。每次违反校纪校规之后,他虽看似诚心悔改,但是事后"老毛病"会一而再再而三地发作。上课时仍然毫无顾忌地与周围同学讲话甚至打闹,无视任课老师的存在,还对任课老师的批评及好言相劝表示不满。每次我教育他的时候,他总是拿"老师们批评我,因为他们总是针对我"这句话来搪塞。

(3)种种不良表现。七年级的时候,小陈不良习气严重,是非观念淡薄,面对老师的关心、劝说,无动于衷,所以被学校处分了。他承认自己确实存在威胁低年级同学的不良行为。

八年级刚开学,在我病假一个月期间,小陈不服从代班主任黄老师的教育批评,多位老师反映他上课故意破坏班级秩序,不认真听讲,和距离他很远的同学讲话,随意变换座位。在一次美术课上,面对老师对其上课表现的批评,他直接踢课桌椅,并且摔门而出。

我回来上课之后,多次批评、劝说他,小陈表面上做出承诺,决心悔改,但在副科上,他依然我行我素。他还经常用脏话辱骂同学,丝毫没有改过之心。

班上有个性格内向温和的孩子叫小朱,坐在小陈的附近。其家长转述说,孩子回家说裆部很疼,经家长多次逼问,才说出是小陈所致,这个学生说他因为害怕遭到报复,所以不敢告诉老师和父母。据班上其他男生反映,小朱严格遵守校纪校规,友爱同学,但是胆小懦弱,小陈几次故意袭击其裆部,他毫无是非观念。

在体育课上,小陈会去抢同学的篮球、篮球架,占为己有。一天,小孙和多名同学已在篮球场玩了20分钟,但是小陈一去,就占了他们的场地和篮球。小孙和其他同学不敢得罪小陈,于是就离开了。据反映,这种情况时常发生,像小孙这样的同学大多是默默走开,有时甚至都不敢告诉老师。

二、个案学生负向行为的早期识别与原因分析

小陈的表现已经违反学校规章制度,并且罔顾他人和集体的利益,隐瞒事实,自私自利,破坏公物或同学物品,不考虑后果。小陈这种种行为背后的最大原因是他时常控制不好自己的情绪,情绪一上来就不管不顾,事后他还是可以认识到自己的错误的,并且会反省自己的错误行为,但下一次情绪上来的时候,他还是会我行我素。正应验了那句话:"冲动是恶魔。"

心理问卷测试结果显示,小陈的表现出现明显异常。《长处和困难问卷》结果显示,小陈在情绪症状、品行问题和同伴交往三方面存在较严重的问题。小陈的情绪管理能力较同龄人来说弱了很多。他不仅管理不好自己的情绪,察觉不到自己的情绪变化,控制不好情绪,也察觉不出别人的情绪变化。多次与他的深入谈话中,我明显地感受到他总是觉得别人对他不公。因此,每每遇到情绪问题,他就陷入困境,容易生气,无法从情绪中挣脱出来。《攻击性量表》测试结果显示,小陈在对他人身体攻击、替代攻击、愤怒和敌意方面存在异常。小陈不仅有攻击同龄人、欺负胆小同学的倾向,也和同学存在肢体上的冲突,遇事暴躁;他生气的时候,会摔东西,会怒

不可遏；也曾经威胁过低年级的同学。我们初步识别到小陈的心理和行为倾向存在明显异常与困难。

从小陈自己的表达中，不难发现他对待他人存在明显的冷淡情绪或愤怒情绪，发脾气时，他完全无法控制自己的行为，无论他人怎么劝说，他都无法将自己的情绪拉回到正常状态。其父母表示很难管教他，同学和任课老师也都反映他在行为和言语上与其他同学有不一样的地方，与他非常难相处。

通过早期心理问卷、观察和访谈，我们识别到小陈属于易于冲动的负向行为类型。小陈的冲动行为是一种应激行为，其身上的焦虑和恐惧表现不仅在儿童中是常见的，在成人中也颇为常见。个体在适应社会的变动时，或多或少会出现类似的应激反应，只是反应强弱有所不同。小陈的冲动行为在一定程度上体现出破坏性与反社会性，他的过度反应让家长和老师反感，也对他自身成长非常不利。因此，如果不能及时对小陈的行为进行干预，他很可能会出现急躁、易怒、极端的行为，进而产生危害集体及社会的行为。

小陈的行为是自我管理受损的表现，如缺乏计划、喜欢寻找刺激、缺乏情感认知。在学校生活中最直观的表现就是遇事非常不冷静，只要情绪出现一点点波动，就完全无法克制自己，不分场合、不分情况地肆意发泄情绪。每一次情绪爆发后，他不仅有深深的挫败感，而且也会给周围的同学带来非常大的负面影响。

小陈对自己的冲动行为，永远从别人身上找原因，从来看不到自身的问题。他总觉得是别人针对他，情绪一上来，什么都不管了。小陈之所以会形成这样的冲动行为，主要是因为：

小陈属于外来务工人员子女，随父母来上海已经好多年了。父母都是初中毕业。面对孩子身上发生的这么多严重的行为偏差问题，小陈的母亲总是轻描淡写地说："我们一点儿也不知道孩子在学校是这样的，他在家都是好的。"他的父亲经营着一家24小时运转的物流公司，吃住都在公司，每天忙于工作,没有休息,对小陈疏于管教,或是以一顿揍代替沟通、教育。小陈母亲则表示她也不知道该怎么管教小陈。他的父母在陪伴孩子、教育引导孩子方面做得远远不够,父亲的教育方式简单粗暴,母亲又总是护短遮羞,不愿意承认小陈身上客观存在的问题。

家访中我了解到,小陈有一个表哥,也在上海读书,家庭情况与他家类似,但是小陈的表哥读书非常努力,品学兼优,在学校里表现突出。小陈与其表哥的差异巨大。

此外,小陈一家就住在物流园区的办公楼里,嘈杂的环境是小陈每天必须面对的。小陈曾经还因为一次所谓的"早恋"问题被父亲暴打而离家出走,他对于父亲这种简单粗暴的教育方式忍无可忍,非常不满。这件事后,父母与小陈的沟通就变得更加困难。

三、个案学生的针对性矫正与系统干预措施及环境建构

1. 给予小陈心理上的关爱

对于小陈这样的孩子,给予他更多的关爱是根本。对于孩子来说,真心的关爱,远比一切教育方法来得重要。来自老师的关爱,更容易被孩子觉察和接受。

班主任不仅要给予孩子事无巨细的关心,而且要积极与任课老师沟通好,让任课老师也给予孩子耐心和鼓励。小陈每天都坐固定时间的公交车来学校,进教室的时候往往别的同学还没到,我几乎每天都利用这样独处的机会,问问他昨晚的作业情况、当天的心情、和同学发生的事等。教室中、走廊上、办公室里、操场上、食堂里,我都会主动面带微笑地向他打招呼,顺便聊上几句,主要目的是建立师生间良好的情感桥梁,形成师生间有效沟通的契机。除此之外,我让每位任课老师在必要的时候,照顾一下他的情绪;当他看起来非常情绪化、不受控制时,尽最大可能不与他正面对抗,降低矛盾激化的可能性,有什么话课后好好说。当他课堂表现有一些进步时,老师多鼓励和表扬他,让他感受到老师没有针对他,相反,他是被关爱的那个学生。有一次他在我的课上又随意讲话,被我指出后,他又克

制不住脾气,表现得很不高兴。当即,我让全班同学先阅读课文三分钟,随后,我走到他身边,笑着小声地对他说:"是不是又控制不住脾气了,可以去教室外面洗个脸,好好冷静一下。回来后我们好好上课,课后我们去操场上走一走、聊一聊,好吗?"就这样,他离开了教室。课后,我还找了他比较喜欢的物理老师沟通了这事。后来,物理老师当堂表扬了他回家作业做得认真,这才让他有了笑容。

2. 家校建立良好沟通

教育孩子,家庭和学校应该双管齐下,同心协力才能有成效。无论家长懂不懂得教育理念,老师都有职责去告知、劝说、引导甚至影响家长。这是家校建立良好沟通的必要条件。每次与小陈妈妈沟通完之后,我都会事后再打个电话回访。每当小陈妈妈对我有所求时,都是她信任我的体现,我都格外珍惜。有一段时间,小陈每天放学都很晚回家,学校明明已经放学了,但就是看不到他离开校园的门禁信息,原来他跑去操场上踢足球或打篮球去了,打到很晚才回家。家长在校门外等得焦急。于是,我每天把孩子放学离开教室的时间发给小陈妈妈,这样家长就可以时时知道孩子到底去哪了。这样一来,家长对老师就有了一些依赖,也多一份信任。

小陈的情绪冲动问题源于亲子关系。他曾经向我倾诉,他觉得妈妈不是真的爱他,他有着强烈的不安全感。为了帮助孩子克服这种情绪,我要帮助他们搭建亲子有效沟通的平台。通过几次家访,我也逐步缓和了他们的关系,七、八年级的时候,无论小陈犯了多么严重的错,他爸爸至少再也没有动手打过他;而小陈妈妈也愿意在周末挤出时间来陪孩子打篮球、踢足球,母子间的关系在改善。

3. 帮助小陈控制情绪

要让小陈学会管理自己的情绪,首先就是要让他意识到自己的情绪失控了。例如课上老师指出小陈的问题,小陈应该虚心接受并立即改正,但他一听到批评,不分青红皂白,情绪冲动,摔凳子踢桌子,事情闹得无法收场。小陈是个易受刺激的孩子，讲一些大道理根本起不到任何作用，还得对症下药。

一是让小陈认识到情绪失控的危害。如调出教室和走廊的监控，事后让他冷静地看看自己的表现。

二是告诉小陈课上课下，有任何诉求完全可以心平气和地找老师沟通，看事情如何解决。他损坏的公物必须赔偿，负起责任。要让他很明确地知道：情绪激动是永远也解决不了问题的。

三是小陈负面情绪上来的时候，让他深吸三口气，冷静下来。如果他做到了，就当面夸奖他，要求他下次做得更好。

四是安排主题班会活动，让孩子们自主学习，了解如何管理情绪，为小陈控制情绪支招，同时增进同学间的沟通交流和相互理解。这样一来，小陈明白了情绪是每个人都有的，要学会控制情绪，而同学则学到了一些情绪控制的策略。

五是当孩子还没有学会如何控制情绪时，家长要正确地帮助孩子克服情绪刺激带来的冲动行为，让孩子情绪稳定，慢慢适应环境。比如家长要多学习相关知识，在孩子伤心难过时多花时间陪伴安抚他，在孩子冲动生气时多给予指导，多让孩子参与社区活动，等等，这既有利于培养孩子的集体合作意识，让孩子逐渐学会如何与他人融洽相处，同时也有利于加强孩子自身的约束能力，从而控制情绪。

四、针对个案学生的系统干预与跟踪监测

1. 负向行为发生情景一及相关对策

美术课上，小陈一直在和周围同学讲话，而且毫不避忌地坐在两排座位中间的走道上，影响了课堂秩序。美术老师点了他的名，希望他注意自己的行为，但是他没听进去，还是我行我素。后来，美术老师实在忍无可忍，停下课来，走到小陈跟前，很严肃地批评他，希望他意识到自己的问题并且改正过来。结果他情绪上来，推开课桌，掀翻座椅，嘴里还不停地嘀咕着。美术老师上前劝阻时，他一把推开美术老师的手，摔门而出。

上课随意大声讲话，本来就是小陈的错。老师多次善意提醒他，但他不仅不知错，反而对着老师和同学发火，好像自己是有道理的一方。这实则是他瞬间情绪失控后的结果。他在课堂上大动干戈，还摔门而出，自己冷静下来之后，还是回到教室继续上课。其实他是有些后悔的。

　　课堂上发生类似的场景，老师应该先保证大多数学生的正常上课秩序，课后再处理，这一点很重要。对于小陈来说，应该意识到：课堂上不尊敬老师，随意大声地和周围同学讲话是一种无视课堂纪律的表现，要及时改正过来，以后不再犯。在老师既没有严厉苛责，也没有惩罚他的情况下，小陈应该心怀感恩，感谢老师的耐心教导和对自己的宽容。师生、生生间都应该相互理解、尊重和包容。

　　等小陈冷静下来，和他说这些道理的时候，他心里是明白的，只是情绪一上来，他很难控制自己，像一只刺猬。老师和同学都应该协力帮助他克服情绪。在小陈情绪激动的时候，不要继续"硬碰硬"，把小事闹大，而是帮助小陈意识到自己的言行是负面情绪导致的。如可以跟他说："你现在看起来很恼火，而且很不冷静"来代替"违反中学生行为守则就是你的错"；可以上前轻拍他的肩膀，挽住他的手臂，待他冷静下来，摸摸他的头安抚他来取代简单的言语安慰。同学也要尽量避免再说刺激他的话，不要把他的气话当真，要适当地帮助他恢复冷静。

　　美术课上的事发生之后，我让小陈冷静下来好好地把自己的言行都写到纸上，理智地去分析、反思。让他仔细回忆并认真反思自己的错误行为，以及今后如何努力克服自己的情绪，有哪些要注意。之后，小陈的课堂表现就有了明显改善，再也没有出现同类事件。他知道"大事化小、小事化了"的做法。

　　小陈要克服情绪问题，需要他自身的努力和老师、同学的帮助。这两方面的努力都不可缺少。事实上，小陈还是有意愿去积极努力改正的，这一点就使得教育工作能顺利进行下去。

2. 负向行为发生情景二及相关对策

"你怎么那么胆小?"下课的时候,小陈对小朱说,接着他拍了一下小朱的裆部。小朱吓了一跳,但是也不敢吭声,只是默默忍受。之后,小陈经常欺负小朱。小朱胆小不敢吭声,但有一次被拍疼了,被父母发现后,我才知道了这件事。

后来,我对小朱的家访中,小朱说其实小陈一开始对他并没有这样的行为,而且小陈很明确地表示想跟他交个朋友。小朱成绩不好,而且性格内向,在班级里不能主动与同学交流,老是一个人坐着,而小陈比较外向,就想去和他说说话。谁知小朱由于太内向,害怕和"名声"不好的小陈说话,才有了后来的事情。小陈想和小朱交个朋友,但又不懂得正确的交友方式。

小陈和小朱之间缺乏良好的沟通。小陈外向,脾气急躁,而小朱又太内向,性格软弱,但他们有个共同的爱好——打篮球。于是,我为他们创造一个良好的沟通机会——一起打篮球。两个男孩一起运动,相互配合、相互交流,彼此打开心扉,接受对方,玩在一起,聊在一起。通过运动,他们的矛盾就化解了。

这之后,小陈不再对小朱"动手",小朱也能和他说上几句话。但是,他们之间的友谊并没有真正建立起来。小朱每次看到小陈还是一样的胆怯,不敢主动沟通。

小陈的交友方式要恢复正常,他只有先了解自己,才能真正地去理解其他人。

五、个案思考

小陈并没有彻底改掉坏习惯,但现在上课时他不再主动和周围同学讲话,不再破坏课堂秩序;能逐渐控制情绪;和像小朱这样的同学相处起来,也不再那么急躁了。只要他愿意改变自己,我相信他是可以慢慢地真正地去克服自己的情绪冲动,变得越来越成熟,越来越像个普通孩子。

个案 5

共情思考　关爱耐心
——学生不合作、反抗型负向行为的早期识别和系统干预的个案研究

李莹清

一、个案情况：负向行为的早期观察与描述记录

1. 主要情况

小郝，男，10岁，三年级。个子比较矮小，坐在教室第一排。长相比较乖巧，戴一副眼镜，看起来很斯文，但实则不然，上课时常走神，在老师眼皮底下和后座男生讲话、打闹、做小动作。

2. 主要行为

（1）课堂默写出现障碍。小郝平日里看着和一般儿童无异，我刚接触这个班级担任语文老师时，并未发现他有任何的负向行为。但有一天，我在课堂上进行常规的默写时发现，其他同学都在埋头奋笔疾书，而他却好像受了极大的委屈似的，紧握着手中的铅笔，鼓着腮帮子，憋红了脸，眼中饱含泪水，眼泪吧嗒吧嗒地滴在桌上。我初见此景，内心十分惊讶，不就是词语默写吗？默不出可以订正，有必要哭成这样吗？但我又转念一想，可能这孩子比较要强吧。出于对孩子自尊心的保护，我试着安慰了他。

这时，周围的学生也发现了他的异样，但他们却不以为意，不屑地说："怎么又哭了！"从周围同学的反应中，我明白小郝哭鼻子是经常的事。

课后，我回到办公室向数学老师、英语老师（这两位老师都是从一年级开始带这个班的）以及上学期的语文老师讲述了课上的情况，不出所料，几位老师并不惊奇，告诉我："他经常这样。"原来这种情况经常发生，不管是单词默写还是词语默写，只要触及小郝的某个点，他就会憋红脸啪嗒啪嗒地落下泪来。

（2）语文测验不肯落笔写作。后来，有一次单元测验，写作要求是看图写话，照理说，对三年级的学生而言，看图写话并不难，就算再不擅长写作，把图片上所看到的内容写下来总是可以的。可是，我巡考时发现，小郝在正常完成基础和阅读两个部分后，卡了在作文上，而且又出现了和上回一样的情况，整个人陷入一种压抑的状态。我试着耐心给他一些指导，让他静下心来看看图上画了什么，再写下来，写得少也没关系。他听了我的话，根本不加思考，哭丧着脸对我说："我不会写，我不知道写什么。"其他学生都在做试卷，我也不好多说什么。

课后，我叫小郝去办公室，问他为什么不肯写，他紧闭嘴巴不说话，眼神放空，问什么都没有反应。一旦开始引导他，他的情绪就会激动起来，紧闭嘴巴，眼含泪水，小脸通红。如果再加以引导，他就会气呼呼地看着老师，一副不服气的样子。

后续几次单元测验，这样的情况不断上演。

（3）与同学打闹先隐忍后爆发。一次课间休息，班中最调皮捣蛋的男孩子招惹了他，一会儿拍拍他，一会儿拿走他的铅笔，最后还故意撞了他一下。小郝平日里就不喜欢这个同学。起初，他不言不语，气呼呼地瞪着他，并不想理睬，但被撞后，他十分生气，一言不发，直接站起来和这个同学扭打起来，两个人扑倒在地，扭作一团。

班委赶紧找到我，得知事情经过后，我对两个孩子都进行了严肃批评。我告诉小郝，老师对他的心情表示理解，但并不认同他的行为，以后碰到类似情况，要换一种方式解决，不可以动手。小郝点了点头。

（4）被同学指责后不愿值日。小郝是每周五的值日生，负责扫地。那天，他的语数英作业都未订正完，老师要求学生订正完再回家。于是，当同学们都在准备放学做值日工作的时候，他依旧在座位上奋笔疾书。

他不扫地，拖地的同学就没法干活。他们不停地催促他，言语中略带有指责的语气。这下把小郝惹恼了，不管同学们怎么劝说，他就是不愿做值日工作。

我知道后,引导他换位思考,理解其他同学的心情,告诉他要明白值日生是一个团队,要互相合作。他有些明白了自己的问题,先完成了值日工作再完成作业订正。

二、个案学生负向行为的早期识别与原因分析

1. 问卷调查

为了解目前班级学生的发展状况,进而有的放矢地改善各项教育教学工作,促进学生的身心健康成长,我通过调查问卷的方式,让学生完成了一份《长处和困难问卷》,通过数据来评测学生的行为问题、情绪症状、多动注意不能、同伴关系及亲社会行为。

小郝在此问卷中反映出的问题较为明显,以上五项指标的得分均超过边缘分值,总分达到31分,是正常平均值12～15分的两倍多。其中,多动注意不能问题超出边缘分值3分,行为问题和同伴关系问题超出边缘分值2分,亲社会行为问题超出边缘分值1分。可见,小郝是个容易冲动的孩子,当他面对困难时,便将抵触的情绪化为不合作、反抗的行为,久而久之,他的行为问题、同伴关系、亲社会行为等均受到负面影响,造成偏差。

2. 访谈记录

为进一步了解小郝及班中其他学生的情况,我与小郝及其母亲、个别学生、任课老师、家委会成员等进行了访谈。

通过与小郝及其母亲的访谈,我了解到小郝是个怕遇到困难的孩子,当他遇到困难时,他的第一反应就是逃避或拖延,而当父母、老师指出他的问题,让他去面对和克服时,他则会逐渐产生不愉快的负面情绪,并与父母、老师产生矛盾冲突。他虽不能虚心听取建议,但也不会对父母、老师做出不尊重的行为,而是习惯用略带愤怒的沉默去表达这种情绪,偶尔会大声吼叫,但几乎没有肢体反抗行为。

任课老师和班中较为优秀的学生表示班中的确存在一些有负向行为的学生,家委会成员表示并未听闻。总的来说,我班学生负向行为的程度不是特别严重。

结合小郝平日表现来看,小郝的负向行为程度还不算太严重,我认为其还处于早期阶段。在语文学习方面,他对老师不合作或反抗的表现是较难的默写任务和当堂写作,不配合的频率较高,抵抗情绪也较为明显。小郝与同学的相处没有太大的问题,只有在与同学产生矛盾时会有不合作、反抗行为。小郝毕竟年龄尚小,我认为这个情况还是能被纠正过来的。

小郝出现类似情况已经不是一天两天了,其负向行为的产生肯定是多方面因素造成的,要想将小郝不合作、反抗的负向行为纠正过来,就必须找到问题的源头,仔细寻找原因。

3. 早期识别

小郝经常用沉默和不配合来应对有难度的学习内容以及不合自己想法的事情,这是很明显的不合作、反抗型行为。

我认为小郝出现这种行为的原因如下:

(1) 内在因素:小郝的性格较为内向。虽说作业能够按时完成,但他只是敷衍了事,并不用心;上课时,他经常走神,课堂参与度低,可见他对于学习的态度有些消极,不知道为何要学习,没有内在的学习动力。

小郝的字写得不好看,而且他下笔很重,导致他写字速度比较慢,所以在语文默写时,他时常跟不上同学的节奏,碰到默写难度较高的内容时,更加跟不上,整个人就会变得又气又急。

更重要的一点是,小郝不懂得情绪管理。小郝的表达能力不强,当他产生不愉快的情绪时,他并不懂得如何排解,而是习惯将这种情绪积聚起来,以不合作、反抗的方式表现出来。

(2) 外在因素:家长治标不治本,没有对症下药。我将小郝在校时多次的不合作、反抗型行为向家长反映,从与家长的交流中,我了解到,小郝这样的行为从一年级就开始了,家长也一直尝试去矫正他,但收效甚微,而家长目前主要采取的教育方式是指责和惩罚。

试想,孩子在出现不合作、反抗行为时,家长第一时间就指责批评孩子的行为,这样一来,孩子心里的结不但不会被解开,反而会越来越紧。从小郝妈妈的谈吐中我感受到她是一个很能说会道的人，面对妈妈接连不断脱口而出的种种道理，孩子想要反驳也找不出话来，只能选择用沉默来表示无声的反抗。

小郝妈妈还跟我介绍过她的惩罚措施——罚孩子不吃饭。适当的惩戒方式是可取的，但孩子是否明白自己错在哪里？为何要接受惩罚？许多孩子的父母经常在不经意间用消极后果替代直接后果来惩罚孩子。比如，孩子贪图玩乐错过了吃饭时间，导致饿肚子——这就是直接后果，导致不能看动画片——这是消极后果。以小郝的情况来看，用直接后果进行教育显然更有效，也容易被小郝接受。母亲无休无止的指责，让他连一丝反驳的机会都没有，而他沉默的后果就是母亲生气极了，没有晚饭吃。这样的惩罚显然治标不治本，只是从表面上看似对孩子的行为进行了限制，但并没有解决问题，从小郝一而再再而三的不合作、反抗行为来看，这样的惩罚几乎是无效的。

我试着换位思考，假设我是小郝，当我出现反抗心理时，面对家长不断的教诲和让我并不服气的惩罚，这样的方式是无法改变我的反抗行为的，长此以往，反而可能助长沉默的行为。换言之，现在的小郝还只是因为作业、默写的问题或者与人相处时产生矛盾而有不合作、反抗的情况，若随着小郝的年龄的增长或问题的扩大化，这种反抗心理会不会像"星星之火"越燃越烈？到时候问题就要比现在的严重多了。

（3）外在因素让孩子性格发生改变。《3—6岁儿童学习与发展指南》指出，幼儿各方面的发展都与良好的社会性发展有着密不可分的联系。自我意识、人际交往、情绪交流与控制等方面的变化都属于幼儿社会性发展的范畴。当幼儿得到良好的社会性发展，那么就能初步掌握社会规范，逐步培养自理能力，并且开始模仿社会角色。

小郝的老家在山东，父母在他小的时候就来到上海谋生，无法照料和教育他。小郝长期由爷爷奶奶照料，一直生活在农村，直到上小学才来到上海求学。在与小郝妈妈的沟通中得知，老人比较溺爱孩子，爷爷奶奶对孙子的要求几乎有求必应,当小郝的要求得不到满足时,他就会采取哭闹的方式,久而久之就形成了"哭闹—被满足"的恶性循环。小郝小时候没有受到父母良好的引导教育,他不知道如何与人沟通,控制自己的情绪。上小学时,他从老家来了上海,生活环境一下子改变了,社区中没有熟悉的朋友,他的心底埋下了不合作、反抗的种子。

小郝的父母平日里工作繁忙,我从未见过小郝的爸爸。爸爸每天住在公司,而妈妈工作之余,对他的陪伴很少,没有时间和精力带着孩子去融入社区,他只能与电子产品为伍——看动画、打游戏,导致他与外界的接触比较少,平日里缺少表达机会,容易形成以自我为中心的性格,也容易导致他在有不愉快情绪时不愿意表达或者不会表达,逐渐产生不合作、反抗的负向行为。

三、个案学生的针对性矫正与系统干预措施及环境建构

1. 给予小郝宽松的环境

追根溯源,小郝会出现这样的问题,关键在于他对于词语的敏感度不高。小学生一般都会出现这个问题,不愿意学的学科,明明只要稍微努力一下就能够把成绩提上来,但他们就是不愿意学。这就是为什么小郝在词语默写和当堂写作时会卡壳、会激动、会愤怒的原因。

首先,他对于词汇的敏感度和兴趣没有提上来;其次,默写、听写这类方式,让小郝感觉到了压力,导致他对于字词默写和听写非常抵触。小郝的表现是激动,脸憋得通红甚至哭泣,用哭泣来发泄自己的情绪。这只是不合作、反抗的前期表现,如果一旦不能遏制住,小郝今后就会变得越来越暴躁,甚至对整门学科丧失兴趣。

我们要从问题的源头入手,首先用有趣生动的、他能够接受的方式来帮助他认识字词。其次可以营造一个宽松的环境,利用小郝感兴趣的方面,比如故事等,和他约定好,如果他下一次听写的时候能控制住情绪,并且能写出一半字词,那么老师就会给他讲一个故事或者奖励他一朵小红花。只要小郝的压力没有那么大,有了兴趣,写字速度自然会加快。

2. 理解小郝，走进他的内心

小郝的情况与他妈妈没有倾听他的问题有关。小郝一年级出现这种行为时，妈妈尝试矫正他，所用的方法就是指责和惩罚，而他的妈妈接连不休的指责，让孩子想反驳也不行。我们可以想象，即使孩子当时用有限的语言断断续续地想解释什么，妈妈也会不断地指责他，那么孩子只能用沉默来做无声的反抗。

作为老师，我们要尝试着走进他的内心，让孩子卸下心防，跟我们讲一讲他的真实想法。"亲其师，信其道"，从孩子愿意倾听老师讲话到他愿意主动和老师说话，再到他愿意和老师交流内心想法，直至和老师成为无话不说的好朋友，这些都需要时间，也需要老师的耐心和家长的鼓励。

3. 给予小郝鼓励和关心

长时间面对父母的指责，孩子内心一定是自卑而敏感的。学习成绩不理想的孩子，也一定是自卑而敏感的。针对小郝的不合作、反抗行为，我们应该给予他耐心和鼓励。

妈妈还提到过，在孩子产生不合作、反抗行为的时候，她还会惩罚孩子，不让他吃饭，孩子一定是不服气的。等孩子再大一点，他可能就会产生更多的想法，比如妈妈是不是不爱他。

这个年龄的孩子很容易接受老师的建议和鼓励，所以，在家长配合的基础上，我们和孩子试图建立一种平等友好的关系。老师会耐心地倾听孩子的想法，鼓励他说出自己的真实想法，并且耐心关爱他，孩子慢慢地能感受到老师的善意，也会释放出自己的善意，改变自己的性格，淡化不合作、反抗行为。

除了老师的鼓励和关心，同学的关爱也必不可少。我发动班干部，让他们带头主动关心小郝，让小郝感受到班集体的温暖，学会正确与同学交往，正确处理生活中的小问题。

4. 家校协同，用正激励代替负激励

在和小郝妈妈的交流当中，我们可以感觉得到妈妈一直用负激励的措

施,很少对孩子进行表扬。

对此,我们特意和家长沟通,决定以家校协同的方式,利用正激励代替负激励,希望妈妈能够多多发现孩子的优点,夸奖孩子。

第一步是让孩子每天回家和妈妈讲学校里发生的事情。如果孩子不愿意和妈妈讲,妈妈也要及时引导,比如回家的路上、吃饭的时候,装作不经意地问学校里有没有发生什么有趣的事情,如果孩子愿意和家长交流,那么说明有了良好的开端。同时我们希望妈妈能够心平气和地与孩子进行交流,并且要先肯定孩子,再指出缺点。

第二步是希望妈妈可以多多关注孩子作业方面的进步之处,我也和各科老师沟通,希望他们可以多多地发现孩子的优点,哪怕是一点小进步都值得为他记录下来。妈妈要给予孩子信心。

第三步是希望妈妈减少对孩子的压力。孩子出现不合作、反抗行为时,妈妈一定是最着急的,所以我们希望妈妈慢慢地让孩子理解自己的苦心。

5. 循序渐进改变不合作、反抗问题

通过前面四点,我们可以欣喜地看到小郝的情况已经有了明显转变。虽然他偶尔在听写默写时还会产生不合作、反抗行为,但情绪已经稳定多了。在和老师交流的时候,他也不会气呼呼地瞪着窗外,而是能够和老师聊一聊自己内心的想法。

妈妈也改变了她的教育方式,以鼓励为主。在和孩子交流的时候,妈妈能够放下身段,用平等的态度和孩子交流,小郝也愿意和妈妈说说自己在学习中遇到的问题。

虽然小郝的情况已经有了很大的改观,但后面的情况还需要我们去把控,毕竟这个年龄段的孩子行为反复是很正常的。

对于这一问题,不能着急,要循序渐进地改变他不合作、反抗的行为。我们一旦发现他"旧病复发",要及时和家长沟通,调整方法。小郝马上就要升入四年级了,将是一个大孩子了,我们应该让他独立起来,让他意识到自己的问题,依靠自己来改变问题。

四、针对个案学生的系统干预与跟踪监测

这之后,小郝又出现了几次反复。英语老师反映,小郝在课堂上不仅不配合单词默写,而且出现了情绪不稳定的情况。

面对老师的提问和桌前的本子,小郝又开始眼眶发红,攥紧拳头隐隐有要掉泪的趋势。针对这个情况,英语老师在下课后将小郝叫到办公室。面对英语老师的关心和询问,小郝一言不发,不回答老师的问题。

通过老师的耐心询问,得知原来小郝因为最近几次检测成绩都不理想,尤其是听写和默写扣了很多分,所以他有点灰心。针对这一情况,老师首先鼓励他,接下来告诉他要学会合理控制好情绪,冷静下来想一想哭泣能不能解决问题,如果不能解决问题,就应该和老师进行交流,寻求老师的帮助。

通过老师的引导,小郝的情绪有了明显的转变,并且在老师的监督下,重新默写了单词,正确率和之前相差无几,这也就证明小郝担心成绩下滑是完全多余的。等小郝的情绪渐渐平复后,老师乘胜追击,表扬他注重成绩是进步的表现。

老师还利用共情的方式讲述了自己上学时的故事,告诉小郝像他这种情况每个人都会发生。大概半个月后,小郝又一次情绪波动。不过当时他并没有发作出来,而且课后小郝主动希望同桌能够把课堂上听写的内容再重新给他读一遍。这一点非常值得鼓励,小郝开始正视自己的问题,并且愿意纠正问题。

老师们得知这个情况后,对小郝进行了夸赞。对于老师的鼓励和正面引导,小郝是非常受用的,而且他对自己的变化感到很开心。

其实对于三、四年级的小朋友来说,他们对于自己并没有系统的认知,所以要帮助他们建立良好的情绪管理能力。

五、个案思考

不合作、反抗型是一种会随着孩子年龄增长而愈演愈烈的负向行为,这种隐忍的情绪极其容易通过肢体冲突爆发出来,形成暴力型人格。好在小郝年龄尚小,不合作、反抗的情况处于萌芽阶段,只要父母和老师能够给予足够的、科学的、有针对性的劝导,就会有很大的扭转机会。

小郝的问题看似不是特别严重,只是用沉默来表达不满,但是不能忽视这一问题。突然爆发出来的问题往往最容易解决,而慢慢积累起的问题就很难处理。所以,老师要细心留意孩子,第一时间发现孩子的问题并进行科学的辨别和有效的干预,才能将问题扼杀在摇篮里。

针对小郝的问题,我们总结出以下几点经验:

第一,关爱为主,耐心为辅。对于这种自尊又敏感还自卑的孩子,最好的办法就是给予他善意和关爱。只有让他感受到老师的关爱,他们才能够对老师敞开心扉。对这样的孩子要有耐心,因为他们最容易发现老师的情绪变化,一旦老师的情绪不稳定或者流露出些许不耐烦,那么之前所做的工作就前功尽弃了,因为他可能觉得老师欺骗了他的感情。所以一定要以关爱为主,耐心为辅,两种方式相辅相成,才可以为接下来的工作打下一个良好的基础。

第二,先理解,再接触。针对类似小郝这样的情况,我们首先要从源头入手,站在小郝的位置上思考,如果我们是小郝应该怎么做。当我们用共情的方式理解小郝时,我们在无形当中就已经理解了小郝的处境,那么我们再去接触他时,就能够及时调整好自己的心态,也能让小郝更容易接受。

第三,培养孩子,引导其自我成长。老师毕竟不能够陪孩子一辈子,针对小郝暴露出来的缺点,我们应该在引导的同时让孩子自己做决定,体会到自己的成长。

在孩子的成长过程当中犯错误是非常常见的。每一种负向行为都有其独特的成因。不论什么样的负向行为,我们的干预策略都离不开爱心、耐心。无论是心理疏导还是换位思考,都和老师的耐心付出分不开。

另外,要加强社区、学校、家庭之间的紧密联系,扩大青少年接受教育的范围。这样才能够形成密切的关系网,共同营造让青少年健康成长的良好环境。

个案6

耐心引导　坚持改变
——学生不合作、反抗型负向行为的早期识别与系统干预的个案研究

顾梦岚

一、个案选择：负向行为的早期观察与描述记录

1. 主要情况

小王，男，12岁，六年级。他是家中的独生子，性格较真、执拗，学习上思想不集中，容易开小差，不愿听教诲。通过访谈了解到，小王家庭的物质条件比较富裕。为了创造优越的经济条件，小王的父母花费大量的时间忙于工作，虽然在物质层面上能满足小王的要求，但是对小王的管束就比较少了，与此同时他们对小王学习成绩的期望又比较高。

我们发现小王上课易开小差、爱说话，常常会影响老师及其他同学上课，却又不愿意听批评，无论是老师的批评还是同学的劝告，他都选择敷衍了事，久而久之同学们也就不乐意跟他说关于上课、学习方面的事儿了。当他影响到课堂纪律时，老师的劝告、批评甚至课后详谈都无法解决问题，敷衍答应是小王最常做的事，但他是不愿意接受管教的。

小王在家中也是如此，面对父母的批评，小王满口称是，但父母却能从中感到敷衍的态度。在家中父亲往往充当严父的角色，而母亲明显比较温柔，当父亲对小王进行批评教育时，母亲虽不会强行干预，但也强烈反对过激的批评。这使得小王在受到批评时养成了敷衍应答的习惯，他没有意识到答应就是一种承诺，需要去遵守。

2. 主要行为

小王没有学习兴趣，因此伴生了许多的学习问题，比如上课时喜欢与同学说话，影响课堂纪律，作业反馈不积极。他的各科成绩不理想，常常受

老师重点关注,但这样的"特殊照顾"并未让小王发生实质性的改变。

小王对于学习感到失望,安于现状,得过且过,对老师、家长的批评教育,表现出或敷衍了事或满不在乎的态度,这不仅让父母、老师感到担忧,同时也给班级管理带来困难。

二、个案学生负向行为的早期识别与原因分析

1. 早期识别

首先,面对父母、老师,自我意识愈发强烈的小王不再听话。小王在学校及家庭生活中,一旦遇到责备或批评就敷衍了事、沉默对抗,显露出他青春期"反抗"的特征。

青少年成长过程中寻求独立自我,在与现实产生矛盾后,普遍容易有反抗行为。小王步入青春期,他逐渐重视发展独立的自我,因此他在校园生活中的种种行为体现出对于自主支配权的渴望。所以,他对于长辈教诲很抗拒,如果不加以劝导,在之后的成长过程中,这一情况可能愈演愈烈。

依据《长处和困难问卷》及《攻击性量表》可知,他的困难总分是15分,攻击性总分是39分,目前处于困难边缘水平,及时发现他在控制情绪、注意力不集中、友情交往等方面存在的困难,有助于矫正问题。小王的问题主要集中于品行问题,他在情绪管理、遵守规则方面是有欠缺的,需要家长和老师予以关注并正确引导。他的攻击性总分是39分,说明他的行为具有一定攻击性,其中身体攻击14分、替代攻击7分、愤怒8分、敌意10分。

小王目前的不合作、反抗的负向行为还没有发展到十分严重的地步,需要家长与老师重视和关注。此外,针对小王的敷衍了事、沉默反抗,我们须予以正确、积极引导,帮助他逐步走出困境。

2. 原因分析

小王遇事敷衍,面对管教"虚心接受、屡教不改"的问题,与家庭因素、性格因素等都有关系:他因不遵守规则而被老师或家长批评时,情绪变化十分明显,对于他人的批评与否定,他的内心是充满敌意的。小王无法很好地适应初中生活,父母对成绩的要求,使他出现了逆反情绪;在学校里,老师对

其学习状态的批评,使他开始默默反抗起来。由于小王无法从正常的学习中收获成功的快乐,也无法在校园交往中获得他人的认可或赞扬,导致他焦躁、消极。为应对、减轻这种负面情绪,小王产生了不合作、反抗行为。

随着小王步入青春期,逆反心理表现得越发明显。青少年在成长的过程中开始寻求自我独立,意图摆脱来自父母、老师的"指手画脚",具有鲜明的"反抗"特点。

小王家庭落户积分未满120分,"反正不用参加中考"成了小王逃避学习的借口。

进入初中后,学业难度提升,小王在学业上找不到成就感,失去继续学习的动力,倍感失望的小王自然而然地开始消极、放弃。不断累积的负面情绪给小王带来的不仅仅是挫败感,还有无地位感。不断的失败使小王难以通过学习获得成就感,难以在校园生活中找到自身价值,因而开始放弃努力。

学习过程从来都是辛苦的,大部分学生能够克服其中的艰辛,因此获得成就感,实现预期目标。小王学习成绩不理想,开始另寻出路——网络游戏,好在他目前尚未沉迷网络。

通过以上多种因素的分析可知,对于小王敷衍了事的行为不能纵容,要使其认识到答应即承诺,承诺须履行,敷衍了事无法解决问题。同时,要帮助小王认识到面对父母、老师的批评、教导要学会冷静,以理性的态度去面对问题,而不是情绪爆发。针对小王学习动机缺失的问题,还需帮助他转变学习认知,激发动机,理性对待暂时的失利,找回自信。

三、个案学生的针对性矫正与系统干预措施及环境建构

1. 改善师生关系,引导其改善逆反心理

我们常说要做学生的良师益友,但这样的目标该如何达成,如何与学生构建友好的师生关系呢?在日常的生活中,每个人都渴望得到他人的尊重。无论在校园中还是家庭中,小王常常是弱势的一方,因此很容易受到伤害,情绪产生波动。我们在与小王相处的过程中自然要将平等、尊重的感觉带给小王,这样才能改善小王的逆反心理。

首先,在六年级开学伊始,我们就注意班风建设。学生正处在价值观形成的重要时期,良好的班风将带来平等、互助、友爱的氛围,有利于减轻小王的逆反心理。虽然现在小王即将步入八年级,但改变永远不晚。

其次,在学校生活中,老师要注意自己的行为举止,尤其是在处理学生矛盾问题时,不偏不倚的态度能够给小王一个好印象,使小王对老师产生信任感。

再次,既然小王排斥指责,那么我们可以在课后与他友好相处,将他带在身边,让他近距离观察老师处理班级问题时的用意,帮助他理解老师"唠叨"的用意。

除此之外,家庭的关爱,可让小王逐渐放松心态,慢慢发生改变。

学习成绩并不是家长和老师关心小王的唯一原因,家长和老师需要作出改变,用实际行动让小王感受到大家对其心理健康的担忧,长期的情绪压力会使其情绪失控,甚至导致心理问题。

2. 学会调节情绪,认识到承诺须履行

对于逆反期的孩子,面对老师、父母的教诲会持一种或沉默反抗或激烈反抗的态度,而小王的表现显然是沉默、不配合。

首先,当小王因家长或老师的批评感到沮丧、甚至情绪失控时,应当直面现实,明白被情绪控制会造成亲子关系、师生关系紧张。因此小王应当尝试控制情绪,这也是青少年成长中重要的一课。

其次,小王应该明白逃避是解决不了问题的,面对批评,无论是理亏也好,羞愤也罢,心平气和地解决问题才是关键。他需要摆正心态、耐心聆听老师指出的问题,学会调节自己的情绪。

最后,小王从沉默逃避到满口答应却不行动的行为,需要引起家长和老师重视,并对其行为进行干预。我们要让他明白每个人都应当履行自己的承诺,敷衍是解决不了任何问题的。

3. 激发学习动机,改变学习认知

对于缺乏学习动机的小王,缺漏的知识仿佛雪球般越滚越大。首先,我们应当帮助他从缺漏较少的学科开始努力,有针对性地辅导他,提高学科成绩,增强其继续努力学习的信心。学习不是一蹴而就的,小王还需要长期的努力才能跟上大部分同学的学习状态。此外,小王也需要明白目前的困境源于知识链断裂,须弥补缺漏才可真正解决问题。因此,小王要针对性地弥补知识。

其次,初中阶段的学习不仅包括知识的获取,还有学习能力的培养,这些都将为小王之后的人生打下基础。小王对于学习的认知发生错误,我们需要改变小王对此的认知。

四、针对个案学生的系统干预与跟踪监测

1. 负向行为发生情景一及相关对策

某一天上课时,小王故态复萌又没听课,还打扰同桌,与其说话,这种行为不仅影响了其他同学,也影响到了授课老师的正常教学。经同学的反馈,小王找同桌小林说话,打扰了小林,而小林没有搭理小王。之后老师便对小王的行为进行了批评指正,而小林也坦白地告诉小王,希望他别打扰自己上课。但小王对此十分不满,无论是老师还是同学的话,他都非常抗拒,认为老师和小林不该多管闲事。

小王的反抗心理较强,一旦老师或同学对其行为进行指正,不管是非对错他必然沉默反抗,心里还觉得老师不该指出他的错误,并且他不觉得自己上课说话是错误的,也不觉得自己影响到了其他同学。他觉得是老师小题大做,不该约束他。

课后,老师耐心告诉小王应该学会控制好自己的情绪,在面对老师的批评、同学的指责时,不该一味地推卸责任,认为同学及老师"多管闲事"。小王要多学会换位思考,如果是他喜欢的课程被人打扰了,他会怎么想?

通过约谈,我们旨在让小王认识到仅理解家长和老师的良苦用心是不够的,还需要考虑到身边同学对课堂学习秩序的要求。

接下来两天,小王的状态有些许好转,与老师、同学也能相安无事,但我们能很清楚地感觉到他内心依旧不满,干预效果十分有限,甚至过不了几天他就有可能故态复萌。

小王一旦遇上其他人的不同意见就会沉默反抗,非常抗拒他人的不认同,不能采取正确的处理方式。因此我们首先要给予他一些情绪管理上的意见,让他管理好自己的情绪,能够冷静下来分析问题。

2. 负向行为发生情景二及相关对策

有天上课时,小王因上课发呆被老师指出,紧接着又因为课上睡觉而被老师批评。

小王至今无法改变不听讲的坏毛病,究其根本原因还是他不想学、不愿改变现状。虽然他知道打扰其他同学学习是不好的,但我们更希望他能好好学习,不负初中三年的艰辛付出。

简单的教诲明显已经无法改变小王,于是我找机会与他聊天。原来小王不听课的原因有许多,比如父母给他安排了补习,他觉得学校的学习就不重要了。我告诉他补课虽能弥补那些没跟上的知识点,但单靠补习并不能打好基础。小王应该是听懂了,但他说很多时候数学知识他听不懂,而语文的许多基础知识他不愿意去背。我只能耐心劝导他。小王答应把语文、英语基础打好,而对于数学,只能向数学老师慢慢请教了。

小王能意识到自己的行为有些不佳,并开始好好做作业了。然而成绩并不是一努力就能发生大改变的,小王能坚持到什么时候,负向行为是否会再次出现,需要我们继续引导与观察。

多给小王鼓励,有小进步时该鼓励的不能缺,但当他再犯错时,也不能不去指正。改变需要时间,不合作、反抗型学生的改变更是需要日积月累的引导与帮助。小王的变化是好的,但更重要的是他如何坚持下来。负向行为的矫正过程中出现反复是很正常的,我们怀揣不放弃的心,期望他终有一日能有所改变。

3. 负向行为发生情景三及相关对策

某天课间时,小王眉飞色舞地与其他同学谈论着他常玩的游戏,并兴奋地描述着在游戏中自己是如何大杀四方的,还约同学放学后一起玩手机游戏。这件事被发现后,小王有些疑惑与委屈,自己和同学是在课间讨论游戏,并未影响正常的教学,此外约同学打游戏也只在放学后,并不是什么大事,为什么老师又来找"麻烦"?

谈起学习愁眉苦脸的小王,一说起游戏就眉飞色舞,无疑充满了成就感和表现欲。究其原因,小王无非是通过游戏获得了成就感。

我委婉地向其表明玩游戏可以,但必须适当,不能荒废学业、沉溺其中,在学校也应适度减少与同学谈论游戏。

我告诉家长,要限制小王使用手机等电子产品的时间,学习上得不到满足感与成就感的小王,极有可能从游戏中获得短暂而虚妄的愉悦感。家长非常配合,及时与小王约定如完成学习计划,可有休闲时间。

玩游戏这件事的处理虽暂告一段落,但小王在学习上无法获得成就感、愉悦感这件事如再不加以干预,很可能使其学习更加消极。

小王通过谈话也意识到了自己享受游戏带来的快乐是很容易沉迷的,他也知道限制游戏时间的目的不是惩罚,而是更好地进行时间规划,劳逸结合可以调节学习所带来的心理压力,但沉迷游戏会荒废学业。在家长的配合下,小王使用手机的时间得到较好的控制,但学习状态还未见明显改善。

学习从来都不是一件简单的事,对于小王,我们还是要用发展的眼光去关注他。小王愿意改变,这是好的,但如何让他的这份动力持续下去却是需要我们去思考并找出方法的。或许小王玩游戏的问题也会出现反复,但持续关注、跟踪、帮助才是最有效的解决途径。

五、个案思考

学生的负向行为在矫正过程中会出现反复,发现学生负向行为、矫正负向行为是一项长期性的工作。老师急于求成是不可取的,唯有耐心、坚持才能够等到花开的瞬间。

在矫正过程中我们需要耐心沟通,让小王慢慢认识到自己行为上的偏差与不足。虽然在之后的日子里他的那些小毛病有反复,但我们仍要坚持不抛弃不放弃的原则,纠正小王或敷衍或沉默的反抗行为。

在对小王进行引导、帮助的过程中,我发现师生互信是十分重要的。面对不合作的小王,我想决不能忽视或轻视问题,要让他感受到生活中的爱,才能让他对改变充满希望。我也要多换位思考,重视小王的内心想法,设身处地为他着想,成为他愿意倾诉、交流的对象,从而解决问题。正所谓"只要功夫深,铁杵磨成针",对于小王这样的学生,长期且持久的帮助是非常重要的,老师一旦放弃,小王一定会重蹈覆辙,之前所做的努力都将化为乌有。所以,我坚信唯有耐心引导,才能迎来小王的改变。

个案7

制造契机　积极引导

——学生攻击倾向型负向行为的早期
识别与系统干预的个案研究

黄文琼

一、个案选择:负向行为的早期观察与描述记录

1. 主要情况

小李,男,12岁,六年级。通过新生家访和他的小学班主任的介绍,我了解到他的很多信息。小李上课有多动的毛病,上课听讲极不认真,爱讲话,喜欢去打扰其他同学,课间经常随意辱骂同学,攻击同学,在同学中很不受欢迎,大家都尽量与其保持距离,以防被攻击。

2. 主要行为

(1) 初识小李的"公平"逻辑

与小李的初次相见,丝毫没有"人生若只如初见"般的美好。开学第一天,课间我去教室里巡视,还未走进教室,突然教室内传来一声惨叫,我的心不禁一紧,完了,出事了。三步并作两步奔向教室,果不其然。我惊呆

了,教书这么多年,还是第一次在教室看见这样的场景。小陈胳膊上的血不断往外渗。同学们立即朝我涌来,诉说着事情的原委。原来,小李抠伤了小陈的手臂。这下手也太狠了,我赶紧将小陈送往医务室消毒包扎。返回教室,我对小李厉声斥责道:"同学之间,你也下得了手?"小李不以为意:"谁叫她先碰我的!"这时候有同学补充道:"老师,小陈路过的时候不小心碰到他了,然后就这样了。"我看了看小李和小陈:"是这样吗?"小陈点了点头,小李"哼"了一声,表明情况属实。我转头瞪着小李,可小李并不理睬我,眼睛也不看我,眼神飘忽不定,还不停地抖着腿,噘着一张嘴,看得我气不打一处来。"你将同学伤成这样,难道一点歉意都没有?"小李满不在乎地回答:"大不了她再抠回去,也把我的手抠坏,不就扯平了!"

(2) 再见小李的各种劣迹

他丝毫没有意识到自己的错误,为了避免与小李形成对抗的局面,不利于事情的处理,我让他好好反省,明天向我汇报。我意识到这个孩子应该是从小没有学会如何与同龄人相处,任何问题都企图用暴力解决,小李是一个缺乏规则意识的孩子。他的攻击性很明显,别人不小心碰到了他,他不分青红皂白,也不听别人解释就跳起来损毁别人的东西,还觉得理所当然,并没有认识到自己的错误,认为一切都是别人的问题。遇到问题也不会去想有没有更好的解决方式。他的不良行为有:

① 故意损毁他人物品。他周围的几个同学集体过来"告状"。他弄坏了小侯的伞,起因是放学的时候小侯拿着伞经过他身边的时候,伞不小心碰到了他。小李从座位上跳起来,然后一把抢过小侯的伞,猛地一掰,伞的支架随即断成了两截。这还不算,小李还随手将伞扔到地上,并踩上两脚,还争辩说"谁让她先打我的"。原来是小侯不小心将伞碰到了小李的头,他就认定是小侯打他,然后就采取了过激的行为。

又有一次,一只手表"悲伤"地躺在地上,表盘裂开了,主人小刘正在吧嗒吧嗒地掉眼泪。原来小李未经小刘同意就拿了他的手表,然后狠狠地把手表扔在了桌上,手表又从桌上蹦到了地上。

走廊上，小汪被搀扶着走了过来，我迎上去，我原本以为他受伤了。问清原委后才知道，原来他的眼镜被小李弄坏了。

小李带口香糖到学校，故意把口香糖粘在别人的鞋底上，还偷偷粘在别人的书上、抽屉里。

小李在班级实在是不受欢迎，他无聊极了，于是就使劲踹门，门遭殃了。

每一次他要么是破坏者，要么是施暴者。他还弄坏了小金的修正带，然后耍赖不愿意赔。小李狡辩说，他只是弄坏了芯子，外壳是好的，而且修正带是使用过的，赔一个新的岂不是很亏，说不定修一下就好了。

② 随意辱骂他人。小李课间会经常无端地辱骂小浩和小天，各种污言秽语，不堪入耳。他上课根本不好好听课，闲得无聊了，就写纸条骂同学，小李周围的同学深受其害。

③ 故意打扰、攻击他人。下课铃响了，小欣出现在我的办公桌前，指了指自己的后背，被中性笔画得一片狼藉，是小李的"杰作"。

小李经常打扰同学上课，地理课上小李拿笔盖扔小张，英语课上拿笔戳小刘。因为小梁不搭理他，小李就在课间偷偷将一杯饮用水泼在小梁的座位上，小梁不知情，一屁股坐了上去，裤子湿了一大片。

小李拉着小浩，希望和他一起玩，可是小浩不愿意。小李生气了，就将小浩往门框上撞。

二、问卷调查分析和访谈分析

1. 问卷分析

鉴于小李的种种行为，我看了他在心理课上做的问卷，对小李进行了分析：

《长处和困难问卷》中，他的行为问题和亲社会行为异常，多动注意不能和同伴关系处于边缘水平，困难总得分处于异常水平，说明小李在情绪症状、品行问题、多动注意不能、同伴交往等方面存在不同程度的困难。老师和家长需要重视，并对相应问题进行干预和引导。

《攻击性量表》中，小李的身体攻击分值为16分，身体攻击分值区间为

【6,30】,他的得分处于较高水平;替代攻击分值14分,替代攻击分值区间为【5,25】,他的得分处于较高水平;愤怒分值为19分,愤怒分值区间为【5,25】,他的得分处于很高水平;敌意分值15分,敌意分值区间为【4,20】,他的得分处于较高水平。小李的攻击性总分为64分,攻击性总分值区间为【20,80】,且分值越低越好,很显然小李的得分处于较高水平。

2. 访谈分析

为了全面了解小李的情况,我们分别找小李本人、其他学生、小李家长、家委会成员、小李的班主任、副科老师进行访谈。从访谈中了解到,小李的同伴关系一般,成绩一般,没什么学业压力,对自己没什么要求。家庭教养方式简单粗暴,受父亲的影响,他很喜欢用攻击的方式解决问题。有时候同社会上的人员来往,习得了一些不良习气,行为上具有很强的攻击性。他的母亲还是比较配合的,父亲基本上拒绝配合,他简单粗暴的教养方式很大程度上导致了小李的攻击行为。他的这种攻击行为使很多同学都对他敬而远之,不想同他有任何接触,非常排斥他。在家委会成员、班主任老师和副科老师眼中,小李留给他们的印象并不好,他经常上课捣乱,课间惹是生非,辱骂欺负同学,遇到事情就推卸责任。有时候甚至同班主任和任课老师顶嘴,态度极其恶劣。

三、个案学生负向行为的早期识别与原因分析

小李主动且故意去侵犯别人或者损毁别人的物品,而别的同学对他可是秋毫无犯。小李这时候的说辞是"我又不是故意的,大不了我赔就是了"。小李觉得只要赔偿了他就没有错。殊不知,错了就是错了。

老师找到小李了解情况,他没有一句解释,只是倔强地站在那里,牙齿咬得紧紧的,完全是一副无所谓的模样。

1. 早期识别

小李经常在语言和肢体上主动攻击别人,这很明显是攻击行为。

有人指出:"攻击行为是一种对他人造成身心伤害的消极行为,它不仅包括直观的身体攻击,也包括言语伤害、愤怒和敌意等形式,而初中生刚刚

进入青春期,身心发育尚未成熟,情绪不稳定、易冲动,所以他们的攻击行为比小学生的攻击行为更具危害性。"①

有学者又将攻击行为分为主动攻击和反应性攻击,这取决于攻击人的主观想法。还有的学者认为按攻击方式可分为简单直接的身体攻击、谩骂类的语言攻击和其他间接攻击。

小李会用圆规扎人,属于典型的身体攻击;他用语言或者写小纸条的方式辱骂同学,则是赤裸裸的言语攻击;他折断同学的伞,或者将同学的表狠狠扔在地上,则属于损毁他人物品的间接攻击。

2. 原因分析

小李遇事永远在别人身上找原因,从来不在自己身上找原因。通过家访和各种回访我得知,小李之所以会形成这样的攻击行为,不外乎下面几点原因:

(1) 缺乏亲子间的有效沟通。六年级家访的时候我了解到小李当时住在离学校不远的一个小区,他爸爸平时做生意没时间管他,只要小李一出现问题,他从来不是在语言上引导他,不是打就是骂。如果小李在外面受气了,爸爸就告诉他一定要打回去。他妈妈是从事房地产行业的,能说会道。在父母的努力下,他们如今在一个环境还不错的小区买了房,总算拥有了一个像样的家,也给了小李一个相对安定的环境。孩子平时都是妈妈管教的,妈妈管不住的时候就会请爸爸"出山",暴打一顿,爸爸常骂骂咧咧的,妈妈甚至还会和他大打出手。在与小李妈妈的沟通中我了解到,每一次爸爸参与管教都是不得已的,并且还怨声载道,满满的负能量。家庭成员之间的交流与沟通对于小李的成长非常不利,他们之间的沟通简单粗暴,对于解决问题毫无帮助。因此,小李也会使用暴力。此时,老师应该给家长和孩子指出亲子间的问题所在,并对他们进行指导,希望小李的父母能够率先开启有效沟通的通道,从而带动小李,形成良好的家庭沟通氛围。

---

① 姜若椿. 初中生归因方式、情绪调节策略与攻击行为的关系研究[D]. 河北大学,2016.

（2）家庭教养方式粗暴。小李的攻击行为在日常生活中如此常见，与爸爸粗暴的教养方式关系极大，例如，爸爸经常辱骂妈妈，于是小李也从他那里学会了用污言秽语辱骂别人。爸爸经常对妈妈动手家暴，小李也学会了动手攻击别人。小李的攻击行为很大程度上受到爸爸的影响，他的语言攻击和身体攻击行为，主要是由于接受了不良的教养方式所导致的。这对他自己的成长危害极大，希望他的父母能够从源头上加以改善。

（3）"隔代亲"现象比较严重。小李是家中唯一的孩子，爷爷奶奶对他宠爱有加。小李小时候与小伙伴发生矛盾就会咬人，并且将小朋友咬得流血。可是小李爷爷不仅护短，还对对方家长破口大骂。了解下来，小李的家长对他的攻击行为从来不管，认为这无关紧要，也不认为自己的孩子伤害了别人。再加上爸爸叫他一定要打回去，所以他会变本加厉地对别人实施攻击行为。

小李的生活环境中充满了暴力，而爷爷奶奶无原则的溺爱，让他的攻击行为加剧。很明显，小李的攻击行为在他幼儿时期就形成了。久而久之，这成为他的一种特定习惯。这时候就要让小李的爷爷意识到，再这样下去对小李的成长非常不利，他应该配合好老师，改掉小李的坏毛病。

小李成长的社区，几乎没有任何游乐设施，仅有的几个玩伴之间也很不文明，经常以骂人和打架为乐，一言不合张口就骂、伸手就打，而他们的家长并不觉得这种行为不妥，相反他们觉得这是孩子之间关系亲密的表现，还颇为自得。小李的爸爸甚至还认为这才是男孩子应该有的童年，这样的男孩子才有男子气概。久而久之，小李并不觉得骂人和打人有何不妥，并且习以为常，甚至以此为乐，认为这是解决冲突最好最快的方式。

小李认为拳头可以解决一切问题，而且他也尝到了用拳头解决问题的所谓"成就感"。

四、个案学生的针对性矫正与系统干预措施及环境建构

1. 给予小李心理上的关爱并培养其感恩之心

小李的负向行为由来已久，他对批评训斥司空见惯，但这样的孩子还

是希望得到老师和家长的关爱的,此时的关爱就如同春风一样重要。

(1) 小李父母给予他关爱。小李作为孩子,很难主动改变,这就要求父母先作出改变,小李的父亲要学会关爱自己的孩子。当父亲要揍小李或者斥责小李的时候,小李的母亲要经常提醒他的父亲,只有父母自己改变了,孩子才能改变。父亲的改变最能激发小李,让小李发生根本性的转变。建议小李的父亲给小李的母亲足够多的爱和尊重,小李会从父亲的这些表现中受到启发。

(2) 老师给予孩子事无巨细的关心。有一次,小李上完体育课,从操场上满头大汗地冲向水龙头边,准备用凉水冲头。我叫住了他,他的第一反应是:"我没有犯事啊!"我微笑着对小李说:"刚上完体育课你的毛孔是张开的,用凉水冲头很容易生病。"小李迟疑了一下,选择相信我,我又仔细向他解释了其中的缘由。

(3) 家长和老师应该共同培养小李的感恩之心。例如他损坏了同学的眼镜,同学的家长选择包容他,并没有让他赔偿,而是希望小李能从中吸取教训,善待他人。此时家长和老师应该有后续的教育,告诉小李,同学家长选择包容他,是因为他是未成年人,给了他改错的机会。他应该对这样的同学家长心怀感激,感激别人的包容给了自己成长的机会。

2. 给予小李人际交往的指导

孩子的行为,多半都是模仿家长而来的。如果家长用暴力的方式对待别人或自己的孩子,孩子也会认为暴力是解决问题的最好方式。小李正是这一家庭教育模式的受害者。虽然小李在充满暴力的家庭生活,甚至自己也都是被施暴的对象,但是这不能作为他对别人施暴的借口。

对于小李的这种情况,必须有一些引导措施,否则任其发展下去,害人害己。好在小李的妈妈比较配合,我们准备一起携手改善小李的问题。

关于人际沟通方面,我同他妈妈讲中学生的交际圈子主要集中在学校与家庭,因此,亲子关系良好了,师生关系和同学关系绝不会差,这会相互影响、相辅相成。那小李怎样才能和同学们友好相处呢?我的建议是:

(1)尊重他人。小李在与同学交流的时候,从来没有称呼,直接就是"喂",哪怕是老师,他也直接就是称"你"。我告诉小李和他妈妈,只有尊重别人,才能得到别人的尊重。我告诉小李妈妈,每个人是一个个体,有自己待人接物的独特想法和做法。自己要适当考虑各方面的因素,不要肆意妄为。彼此尊重,是人人乐见的事,有问题彼此可以商量着解决,不必大动干戈。

(2)用语要符合学生身份。小李经常脏话不离口,他却不认为有任何问题。可是他粗俗、不堪入耳的话语对部分同学造成了严重影响,甚至造成一些女同学的精神困扰,以至于没有同学敢坐在他的周围。老师应及时指出他的用语问题,让他体会"良言一句三冬暖,恶语伤人六月寒"的道理。

(3)思考后再行动。小李的很多行为都是在冲动下造成的,所以要让小李在作出行动前先静下心来好好想想,或者多做几个深呼吸,让脑子清醒清醒,或者多想想对方的好,他就不会那么冲动行事了。同时要提醒他,当与他人有矛盾冲突时,不要一味地去找别人的原因,要试着先去找自身的原因,不要老想着推卸责任。

(4)教导小李正确的交往策略。要让小李认识到攻击行为是解决问题中最糟糕的一种方式。在他和他人发生冲突时,我在现场手把手教他怎样用语言沟通,他体验了言语沟通带来的良好效果,慢慢地他也会尝试着同别人去沟通,他的暴力行为虽然还时有出现,但是并不像以前那样除了暴力别无他法。这说明我对小李的引导已经在起作用了。

3. 教会小李必要的情绪控制策略

让小李学会管理自己的情绪,首先就是要让他清醒地意识到他的情绪又失控了。例如小侯的伞不小心碰到了小李,他的第一反应不是去问清原因,而是非常生气地认为小侯用伞打他,简单粗暴地把伞折断,并且还要踩上几脚;而小侯则完全懵了,她还没有明白是怎么回事呢。

小李是个粗线条的孩子,讲一些大道理根本起不到任何作用,还须对症下药:

一是让小李认识到情绪失控的危害性。如在网上搜一些真实的情绪失控导致严重后果的视频给他看。

二是告诉小李解决问题才是目的，而不要采取极端的行为方式。

三是让小李想到情绪失控可能会造成的严重后果，同时教给他一些情绪控制的策略。

小李是一个非常情绪化的孩子，容易与周围的人和环境产生对抗的情绪，因此我建议家长尽量创造积极向上的家庭氛围，让小李多感受正面情绪。我作为老师，最清楚集体的影响力，我也在班集体里树立正面的榜样，以榜样感染小李，帮助小李提高控制情绪的能力。

4. 改善亲子教养与沟通方式

小李留给我最深的印象是满满的敌意，这也不难解释他为什么会有暴力行为。有了敌意，才会有暴力行为。

我与他妈妈的沟通中，频频听她说："我对孩子的要求很高的，从小学三年级开始就一直给他请家教，和小费（小费是我们年级的'学霸'）是同一个老师，怎么他就没长进呢。"我明白了，小李时常被妈妈拿来和别人比较。我私底下问过小李是喜欢现在的自己还是过去的自己，是喜欢现在的家庭环境还是以前的？他的回答都是"现在的"。他说现在的自己比较开心，能融入班集体，在家里也没有经常被打骂或者一定要做他做不到的事情。我给小李的妈妈讲过，对孩子要有要求，但不能要求过高，要让孩子跳一跳能摘到桃子。更不能拿别人的长处和小李的短处作比较，每一个人情况不一样，没有可比性。和小李说话，什么时候说、说什么内容都会影响沟通效果。如果我们不注意说话的场合与内容，那么小李不但不会接受我们的观点和建议，还会嫌烦、嫌唠叨。其实小李和家人的沟通存在很大的问题，我认为他们的沟通只有注意时机，才能达到良好效果。

孩子只有在放松、没有压迫感、被理解的氛围下，才能容易地表达自己真实的想法和感受，父母才能更好地理解孩子。我建议小李妈妈可以周五下午接他回家的时候同他做好沟通，因为周五有他喜欢的乐高课，这个时候小李是最放松的,也是沟通的好时机。

当一个人想要某种东西的时候,他的主动性和能动性会凸显出来。同理,沟通最好的时机就是孩子想沟通、能接受的时候。比如,小李想买乐高玩具的时候,一般会主动找父母沟通,这个时候父母也可以同小李做好沟通。

沟通是双方的,因此父母的状态也直接影响沟通的效果。如果父母心情不好,带着情绪去和孩子谈,那么沟通的效果肯定会大打折扣。建议他的父母不要总是生气地拿小李和"别人家的孩子"作比较,这肯定会引起小李的反感,小李又怎会进步呢?

五、针对个案学生的系统干预与跟踪监测

1. 负向行为发生情景一及相关对策

小季哭着跑进办公室,原来是被小李打了,起因是小季传递本子的时候,不小心碰到了他的头,尽管小季向他道歉但也无济于事,小李还顺手将小季摁到地上揍了一顿。

小李的攻击性很强,同学不小心碰到他,他不分青红皂白就打人,还觉得理所当然,并没有认识到自己的错误,仿佛一切都是别人的问题。遇到问题他认为拳头能解决一切。

老师要告诉小李学着控制自己的情绪,先冷静下来想一想,再采取比较合适的方法。多学会换位思考,可问他:"假如你是小季,对方上来就打你,你能否接受?"小李说:"我打回去。"我告诉他:"攻击别人有时候看起来是能解决一些问题,但这绝不是解决问题的良好途径,你和别人的相处都是在拳脚上,可想而知,你在同学心目中的印象会好吗?你不是一个人,你生活在这个班集体,你需要得到同学的接纳。"

接下来的几天他略显太平,和同学相处也基本相安无事。我的干预虽然取得了一定的效果,但是效果还很有限。

小李遇到问题首先想到的除了攻击还是攻击,不能采取正确的处理方式,因此要经常给予他一些情绪管理的策略,让他能够冷静下来分析问题,从自己的"攻击论"怪圈中跳出来。

2. 负向行为发生情景二及相关对策

好景不长,没有几天他的老毛病又犯了。小李拽了班级里一个同学的头发,还辱骂她,这个孩子非常老实,平时不声不响的。当我询问情况时,小李居然说是她先骂他的,但其他孩子异口同声地否认了这一点。

过多的教诲有时候显得苍白无力,我告诉他欺负同学显得非常没有人品。这个孩子学习生活本来不易,小李还要找她麻烦,这无疑是对他良知的一种拷问。为了让他意识到自己行为的错误,我让小李每天背书包送她下楼(这个孩子不能负重),他很不愿意地答应了,但还是做到了。过了几天,我问小李:"假如你是她,生活已经很艰难了,还受到同学这样的刁难,你会是什么感受?"小李这一回没有狡辩,兴许他内心的那根柔软的神经被触动了吧。

在帮助别人的过程中,小李学会去理解别人,产生同理心,事实证明这样的措施还是有一定效果的,但是小李的负向行为时常反复。

应多给小李一些帮助别人的机会,他有可能在帮助别人的过程中产生一些成就感,觉得自己不是一无是处的,也能够帮助别人,从而改善自己在同学心目中的不良印象。

这样的干预效果只维持了几天。后来,他又开始在很多场合管不住自己:课间有时候去打别人几下,拿脚踢踢人家,骂几句脏话,将牛奶盒子等放在地上当球踢……他非常缺乏和同龄人沟通的技巧。上课自言自语,有时候重复老师的话,引起哄堂大笑,课堂效率极低,成绩也越来越差。上课时他也从来没有坐得端正过,总是歪着身子,靠在墙边,脚伸得很长。

3. 负向行为发生情景三及相关对策

这不,今天他又是歪着身子,靠在墙边,脚伸得很长。正是因为如此坐姿,给了他"作案"的机会。

根据我的经验分析,此姿势一出现,接下来什么事都有可能发生。这往往是他"作案"的前奏,这个姿势是他的招牌动作,但也有例外的时候,他上乐高课程时非常认真,坐得也很端正。我便拜托老师帮忙拍几张他认真学习的照片,我也偷偷拍了几张他坐得东倒西歪的照片。然后我将这两种状态下的照片拼在一起,形成鲜明对比。然后我问他更喜欢哪一个自己,他没有说话,但是从他的眼神中我已经得到了答案,这说明小李的心里是有是非观念的。

后来,他的课堂坐姿有了变化,但是有时还是需要老师提醒和监督他。

我一直在思考有没有更好的办法去改变他,而不是等到他犯了错再去纠错,我应该主动出击。如果他对自己有了更多正面的体验,那么他的负向行为是不是会减少甚至控制住呢?

六、个案思考

小李的负向行为一次又一次地发生,感觉之前我对他负向行为的干预效果一般,因此我准备采取新的措施来帮助他,而不是等到他犯了错再去干预。

1. 抓住机会

一次体育课,我路过教室的时候,发现小李居然没有去上体育课,那可是他最喜欢的课。他的好朋友小龙也在教室里,因为他突然发烧了,一会儿妈妈会带他去看医生。看到小李擅自留在教室里,想起他平日的种种,我的气不打一处来。我目光扫向小李,还没等我开口,小李说:"老师,我看小龙生病了,有点担心他,所以留下来陪他。"我本来要斥责他,但听到他如此说,我便轻轻地说道:"去上体育课吧,一会儿来办公室找我。"小李一溜烟地跑向了操场,我把小龙交到了他妈妈的手上。在回办公室的路上,我沉思良久,小李今天的行为说明他是个有情有义的人,是有爱心的,有爱就有希望。这件事不正是又一次帮助小李的机会吗?课后,小李来了办公室,他承诺下次不会再缺课了。此时看到他诚恳的态度,我对小李又充满了希望。

2. 制造机会

我和小李妈妈约定过,只要他做了什么不好的事情,我就立即告知她,家校联合,帮助孩子成长。我想如果将小李好的表现也告诉他妈妈,效果是不是就会不一样呢?小李体育成绩较好,体能也较好,运动会上我尽量多让他参加一些竞赛项目,秋游时我让他照顾身体不好的同学,我抱着试一试的心态让他展现优势。功夫不负有心人,经过一段时间的"刻意安排","劣迹斑斑"的小李也有了一些亮点。我毫不犹豫地将他的良好表现及运动场上意气风发的照片做成精美的电子稿,配以对他赞许的文字,发送给他妈妈。他妈妈看了之后很感动,惊喜于儿子的表现,并说之前从来不知道自己的儿子原来还有这么多优点,同时我也在班里表扬了他。之后小李的表现让我相信,一定要制造机会让孩子展现出自己的优势,孩子有了进步也一定要及时告诉家长,让家长知道自己的孩子是有希望的。家长只有对自己的孩子抱有希望,才会配合老师。家校合力,孩子才能成长得更好。

3. 契机与关爱相结合

关爱孩子是根本。小李的父母是经商的,整天忙于生意,有时候好几天他连父母的面都见不到。他父母给他更多的是物质,而精神层面的东西却缺失了。可是对任何孩子来说,爱是必需品,一旦缺乏爱,成长过程中一定会出现问题。他的父母认为小李还是小苗苗,一切还来得及。

小李的爸爸言语上非常不善于沟通,对妈妈经常非打即骂。每天目睹父母的这种相处模式,小李以为这就是人与人之间的相处模式,于是才有了种种攻击行为。我要让小李切身感受到人与人之间还有更温馨、更和谐的相处方式。我同他的父母商量好,尽量在孩子面前做好表率。他的父母也表示理解,答应配合老师改变自己,进而去影响孩子。小李的父母确实在尽力改变自己,因为有一天,小李妈妈很欣喜地告诉我,小李懂事了,以前他只会将书包往妈妈怀里一扔,但现在放学了他自己背书包,妈妈腰疼发作了还帮妈妈倒水。我也惊喜于孩子的改变。有一次我身体不舒服,没给他们上课,请了半天假。中午走进教室,小李就冲到了我面前问:"老师上午没来,是不是生病了?"小李出乎意料的问候,让我感动不已,没想到他竟然有了如此大的改变。

在对小李的教育、引导和帮助中,我深感教育契机的重要性。

教育契机是我们每个老师必须把握的。对于小李这样的孩子,契机有时候很难出现,这就需要我们人为创造契机,从而让同学们对他产生认同感,这对小李的影响非常大。今后我应该联合同学和其他老师制造更多的契机,帮助小李改掉攻击行为,真正体验成长的快乐。

个案 8

科学引导　助其成长

——学生攻击倾向型负向行为的早期
识别与系统干预的个案研究

黄范荣

一、个案研究第一阶段

1. 主要概况

2018年炎夏的某一天,学校提倡每位老师进行新生家访活动,我初次见到了小A,13岁,是个有点腼腆的女孩,不愿和别人交流。在与其父亲的沟通过程中,我了解到她小学与其他同学无法正常相处,时而打架或哭哭嚷嚷地回去告诉家长她受欺负了。她在同学中人气很差,几乎没有同桌,成绩也很差。现在升入初中,家长希望新班主任能照顾照顾自己孩子。

在家长期盼的眼神中,我感觉到了班主任肩上的重任,如何帮助她、指引她,成了一件很重要的日常工作。

2. 主要行为

(1) 腼腆中见威力

初识小A,文雅,不爱讲话,我以为她是一个性格内向懂事的孩子。但没过几天的一个中午,孙同学一拐一拐地走过来,很气愤也很委屈地对我说:"黄老师,我要换位子。""为什么呀?""今天上午,我将课桌挪动了一下,想对对齐,不小心碰到小A了,她就踢了我两脚,刚开始有点酸,现在很疼,走路都困难了。"我一边听着他的叙述,一边安排班干部陪同孙同学到卫生老师处去,一边把小A请过来,了解情况。为了安全考虑,我联系孙同学家长带其上医院检查,检查结果显示是骨裂。小A还没等问话就已经一把鼻涕一把眼泪痛哭不止,也许她想以这样的方式减轻责任。"至于谁对谁错等会再说,老师先要了解情况,你哭什么呀?"我递给她一张纸巾说道。她接过纸巾,忽然不哭了,用疑惑的眼神看着我:"老师,是孙同学先碰到我,我才踢他的,我只踢了两脚,我应该多踢他几脚,让他下次不敢再碰到我。""要是黄老师不喊你来,你准备还要对孙同学下手啊?"作为班主任,过于自我型、有攻击行为的孩子,我该怎样妥善处理,及时矫正她呢?我查阅了一些书籍,学习了一些方法,使她慢慢融入班级中来,不再孤独。

(2) 小A的"一片天地"

我给她换了一个新同桌,但好景不长。"黄老师,小A莫名其妙地打我。"班级是大家和睦相处的大家庭,怎能有如此大胆、无视学校纪律的学生?我很生气,板着脸神情严肃地对小A说:"正因为考虑到你们刚从不同的小学升上来,需要磨合期。一个孩子犯了错误,能及时改正,老师认为你还是一个好孩子、好学生,还是可以给你机会的,但你却一而再再而三犯错。"通过了解,原因竟是因为同桌身上有点异味,小A就动手打人。看到问题的严重性,我让她做出检讨,并同时与其家长做了沟通,希望家校联合共同扭转这个局面。

小A也觉得打人不对,也向同桌道歉了。但她就是控制不了,要打人发泄。鉴于以上种种情况,我和家长协商下来,和小A约法三章,平时没收手机,双休日在家长的监督下她可以玩一小时,但不能玩暴力游戏。父亲要多和孩子沟通,每天晚上争取抽时间检查作业。小A在学校要控制好自己的情绪,管好自己,情绪爆发时寻求我的帮助。为了不影响他人,也为了她能静下心来安心学习,所以我让她单独坐。

(3) 小金鱼的死

2019年3月的一天,学校组织春游,小A兴高采烈地和其他同学一起买了旅游景点的小金鱼。一开始大家都认为她喜欢小金鱼,但事与愿违,小金鱼被她活活掐死后扔到了河里。这还是一种攻击行为,不过转移为对花草树木及小动物的发泄。在实际的沟通过程中我发现,小A家长的教育方式比较单一,父母离异,父亲的脾气比较暴躁,小A从小缺少母亲的关爱。父亲一直忙于工作,与她缺少沟通,长期在这样的家庭氛围中,使小A形成了这样的性格并具有攻击倾向。

二、个案研究第二阶段

一个多学期下来,我对小A有了深入沟通与了解,我多次倾听小A与人对话,仔细观察她的肢体动作并洞察她的心理活动。

根据测试结果显示,她的攻击性总分为67分,具有很强的攻击性。那么造成小A目前这种行为的成因是什么呢?

孩子的心理和行为发展离不开家庭环境。在沟通过程中我发现,小A奶奶没什么文化,日常照料小A的起居生活,没事时就坐在树荫下扯闲篇。父亲初中毕业,是个工人,小A父母离异,早些年父母时常争吵,给她的幼年蒙上了阴影。小A从小缺少母亲的关爱,孤独、郁闷,父亲时常加班,没有时间陪伴孩子,长期以来对于孩子稍有不顺心就会暴打一顿。若小A听话就给她买各种电子产品,所以小A一有时间就上网打游戏,成绩不好,大人也不管。也许父母的关系影响了她,她觉得暴力可以解决问题;也许奶奶的袒护让她变得很自私;也许暴力的游戏使她有满足感和快乐感……因此家庭环境和家庭的教育方式是导致小A如此行为的主要原因。

此外,小A的家庭是农村拆迁户,居住的社区卫生状况比较差,人员复杂,居民人文素养差。很多人懈怠工作,甚至干脆不工作,游手好闲。这样的社区环境显然对小A的成长不利。

所以,要尽快解决小A的孤独问题,家长也要改变教育方式,抽时间陪伴孩子。而在班级的活动中,要多鼓励她参与,找到一个愿意帮助她的朋友,这样才能使她的暴力行为减少、减弱。

三、个案研究第三、第四阶段

我们切不可只局限于关注小A的学习成绩,而忽略了教育的本质——

呵护心灵对教育工作者来说显得尤为重要。

我尝试用以下的方法来帮助小A：

1. 拉近心理距离

小A的种种行为显示其极端不理智，孤僻且不容易相处，所以要尝试培养其乐观的心态。单纯而又极端的小A，很容易因为遇到一些棘手或不顺心的问题而怀疑自己，因此我时常动之以情，拉近心理距离，进行有效的沟通，给予其真诚关心。记得有一次，班级里同学都去出操了，她坐在教室里，脸色有些白并流着汗，我走进教室问："小A，你不舒服吗？""老师，我肚子疼。""早晨吃什么啦？还是着凉了？"问了一些情况后，我判断小A是痛经，所以赶紧回办公室，调好红糖水，让小A喝下去。可能小A突然感受到了爱，她开心地对我说："老师，我不疼了。"眼里充满了感激，自此，我们的心理距离近了。

2. 碰到问题：ABCDE法则

我向她承诺，有学习上的困难或其他问题，都可以来找我帮忙，但前提是不能有粗暴的行为，这是我和小A之间的约定。我给了她一个方法，当小A感到焦虑时或者要动手时，可以尝试ABCDE法则：

不好的事情(A)：××搬桌子不小心碰到了我。

消极的想法(B)：看来我被欺负了，我是不能被人欺负的。一定要给对方点颜色，要不然显得我软弱、好欺负。

后果(C)：把别人踢伤了，得赔偿人家，还影响父母的工作和大家的情绪。

反思(D)：正因为自己的冲动，造成这样的后果，使同学避之不及，一连串的负面效应将发生。

激发善心(E)：别人碰到我是不小心的，我也有不小心碰到别人的时候，对方看你的大度，愿意和你成为朋友。正因为这种善念，我能成为大家喜欢的同学，不再孤单。

3. 创造机会，给予表扬

通过集体活动，如唱歌、跳舞、画画、出黑板报、剪纸、做网页设计、参加体育项目、甚至卫生大扫除等，我渐渐发现小A跳绳不错，在年级跳绳比赛中还得过奖。所以在班会课上,我把她好好表扬了一番。小A从孤僻到愿意参加集体活动,为班级争光,有了新气象。

4. 清除源头,减少攻击行为

由于习惯,小A还时常偷偷摸摸把手机带到学校,解决这一问题刻不容缓。鉴于青少年还处于心理、生理的成长期,自我约束力比较弱,也比较容易受外界干扰与诱惑,对于这样的"手机控"需要有策略地进行干预。

如正面积极的舆论引导,提倡合理使用手机的次数和时间。宣传长期依赖手机的危害,可能影响青少年正常的生理发育,长时间观看手机会引起头晕、恶心呕吐、消化系统问题,以及视力下降、记忆力减退、睡眠失调等,最终导致免疫系统出现问题。因此,青少年频繁使用手机将严重危害健康,还会对学业产生影响,导致学习兴趣衰减,产生厌学情绪,因此,要控制每天使用手机的时间,科学合理地使用手机。

要改变学生使用手机的习惯,在制度上要有人性化,符合实际情况。为培养学生正确使用手机的习惯,学校要求学生不要把手机带进校门,但有时确实有学生不自觉地将手机带进校门,像小A,一味杜绝可能效果不大,"自律"与"他律"相结合比较可行。为此,我和小A协商约定,她的手机由我代为保管,直至放学再领回。重视和培养她用传统的学习方式进行学习,避免一切用手机代劳,如上课认真听讲、记笔记而非拍照、录音,有疑难问题同学间讨论或询问老师而非求助软件;等等。总之,要改变小A对手机过度依赖的习惯,但也不能完全杜绝孩子使用手机,可以通过家校联合、科学引导小A合理使用手机。

要培养孩子使用手机的自律意识和健康心态。老师利用美拍、彩视等软件为班级活动制作微视频,留下弥足珍贵的回忆,还利用手机将学科上的疑难问题制作成动画效果,作形象生动的呈现,让小A能从"手机控"变成"控手机"。

5. 家校联合,给家长支招

父母的离异刺激了小A幼小的心灵,所以她缺少母爱,缺乏关心,自我

防卫意识特别强。她遇到问题就会攻击对方。为此,我和家长协商了几项措施:

(1) 将心比心促进有效家校沟通。有效沟通的原则之一是真诚对待、方法合理。我从家长的角度,设身处地为家长着想,考虑到家庭的压力以及急切盼望孩子转变的心态,希望家长配合,认识到我是在帮助小A,家长只有配合学校,才能共同矫正孩子的行为习惯问题。

(2) 创设温馨的家庭环境。让孩子有回家的幸福感,尽管父母离婚了,但爸爸妈妈依然爱小A,要定期抽时间陪伴她、倾听她,与她聊聊天、逛逛公园、去去博物馆等,寻找她的学习兴趣点,给她一种轻松愉快的感觉。

(3) 给小A足够的心理空间。家长给孩子一定的自主空间,而不是粗暴的教育。让小A学会生活,学会学习,家长应把她当作独立的个体,切勿把个人意志强加于孩子的身上,对她提出不切实际的要求,那样会使孩子压力倍增,从而造成各种心理问题。建议小A爸爸从实际情况出发,制定合适的学习计划,提出合理的要求,让小A努力达成目标。小A爸爸经常无奈地说:"我们那时候没有这么好的学习条件,现在条件好了,孩子反而不懂得珍惜,哎……"其实是孩子对读书缺乏动力,家长可以引导孩子,让她知道学习不仅仅是为了获得知识,更是增加修为,提升适应社会的能力。通过多次的沟通,小A爸爸开始正视孩子的问题,改变陈旧的教育观念,还给孩子一片空间。

(4) 营造氛围,促进家长改变教育手段。通过家长会的方式来提供家校合作的平台,我提供一些家庭教育指导的方法,与其说是指导,倒不如说是合作,在合作中实现家校双方共赢。我找了一个合适的机会,约与小A家庭情况类似的几位家长进行交流,从轻松的聊天开始,不经意地引出教育孩子的话题,当小A爸爸与其他家长交流后,他开始反省自己以往的行为。

(5) 通过主题班会,帮助家长了解孩子真实想法。一堂生动活泼、富有启发性的班会课,会给家长和学生留下深刻的印象,起到其他教育手段难以起到的作用。通过班会课,学生讲述发生在自己身边的事情,尤其是亲身经历等,提高他们的自我认知能力、团结协作能力等。小A性格孤僻、不愿表达,长期以来没有和父母好好沟通过,为此,我上了一堂主题班会课,用班中其他同学的事例,教会她怎样向父母表达自己的想法,同时也让旁听的小A爸爸明白与孩子沟通的重要性。那天回家后,小A与爸爸坦诚交流了很久,她爸爸下定决心改变自己。

通过这一学期的观察,小A爸爸确实没有打过她,也经常好好和她沟通。小A也没再发生过攻击行为。事实胜于雄辩,小A在多个任课老师眼里有了改变,图2-9显示了我对小A的负向行为进行干预后,她的攻击行为分值的变化。表2-14显示了小A成绩的变化。

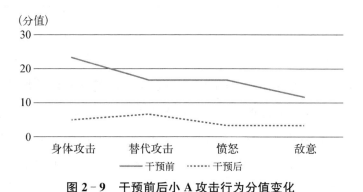

图2-9 干预前后小A攻击行为分值变化

表2-14 小A成绩同期对比

科目 同期对比	语文(分)	数学(分)	外语(分)	总分(分)
六年级第一学期期中	65	67	72	204
七年级第一学期期中	70	92	85	249

四、对研究工作的思考

1. 对于后续矫正的思考

对待小A这样的学生,我和任课老师达成共识,多鼓励,少打击,格外关注她的点滴进步,及时表扬,希望唤醒她健康乐观、积极向上的动力和情感,耐心期待她的转变。

面对像小A这样具有攻击行为的孩子,要用积极的心理,唤醒她的转变意识,相信每个孩子都是一颗花种,只不过每个人的花期不同,有的花早早就能灿烂绽放,而有的则需要更漫长的等待。因为学生的个体差异很大,所以要用不同方法对待不同孩子,这值得我继续研究。

2. 实践中的困惑和反思

(1) 沟通机会减少。随着时间的推移,学生从六年级渐渐升入八、九年级,学习的知识会越来越多,喜欢来问问题的学生少了。初三学生学业比较重,不像低年级学生有那么多的课余时间,来班主任处沟通的机会少了,所以要适当地调整对不同年级学生的矫正方案。

(2) 个体差异大,实践者要广学多能。实践研究中涉及很多方法,要求实践者灵活运用,而不是滥用或强加应用。学生的个体差异大,家庭环境、教育理念、学习氛围、行为习惯等都不同,不是所有的方法都适合每个孩子,所以对实践者来说要集思广益,吸收新知识,走进学生的心里。

个案9

用公平去尊重,用"偏爱"去激励,用爱去感化
——学生逃避而说谎型负向行为早期识别与系统干预的个案研究

徐思语

一、早期观察

1. 主要情况

我班有个学生——小林,他个子不高,脑袋圆圆,眼睛不大但很灵活,经常转来转去,一张薄薄的嘴唇,非常能言善辩。他头脑挺聪明,但上课时

常搞小动作,转来转去和前后左右的同学讲话,惹得同学分神。他还相当懒惰,作业不是没有完成,就是马虎应付。他上课迟到,课上看小说、嗑瓜子、玩手机,在老师背后做鬼脸。大错小错不断,不论我如何反复教导,真诚沟通,引导鼓励,或警告惩罚,却收效甚微。因此我像在跑马拉松一样,筋疲力尽。

2. 主要行为

(1) 初印象:小林认错态度良好,但第二天接着再犯。刚开学的一天,他就在教学楼的走廊里跳得老高,又不经老师允许随意进出办公室,被年级主任严厉批评教育了。我想经过这次后他一定会有所改善。可第二天,他又在教室里把书卷起来当作喇叭,大声吓女同学,我很生气地再次教育了他。我万万没想到,后来,小林进出办公室都成了家常便饭。

开学不久,小林便在午自习时迟到了。铃响十分钟后,他和另一个同学小朱两人湿嗒嗒地走到教室门口,嬉皮笑脸地大喊:"报告!"我询问后得知两人竟在厕所里互相尿在对方身上!这真是让我这个新手班主任大吃一惊。批评教育他们时,两人一直嬉皮笑脸,显然并不放在心上。果然,之后麻烦不断:在语文课上吵闹被老师罚站,他直接到操场上散步;中午午间休息时,和同学在教室里打牌;还在历史课上嗑瓜子并分发给同学,根本不把老师放在眼里……

我怎么处理,他都是表面服气,老实接受,并且短时间内有所改善,但过一阵又会发作。

(2) 再接触:学习也不让人省心。小林上课要么搞小动作,要么影响别人学习,我刻意把他的座位排在前面,可他是人在心不在,坐在那儿老是走神,很少听讲和记笔记。下课铃一响,他就立刻冲出教室,在走廊上大幅度挥手或大声喊叫。自习课上,他从来不做作业,号称"回家作业回家做",但作业经常漏做或瞎做,书写相当潦草……他的每个任课老师都对他感到头疼。我批评教育他时,他总是摆出一副很可怜的样子,可就是屡教不改。

在英语学习方面,我把学生分成九个小组,由九个学习成绩领先的同学分别带领三至四名同学,一起讨论,一起学习,一起进步。小林和班长小李编在一组。在小组里,他很活跃。他不在课堂上讲话,而是在底下畅所欲言。然而,他经常迟到,默写和订正又经常拖拉,在我的批评和教育下,他起初稍有改正,可时间一长又故态复萌,久而久之,他已经习惯在办公室挨批评。

(3)深入了解:家家有本难念的经。一个周一,我刚进教室,小组长就跑来汇报家庭作业完成情况。当我听到小林的家庭作业又没有完成时,既气愤又无奈,但我装出一副很平静的样子说:"好了,我知道了。"这一回我决定对他进行家访,看看他的家庭环境到底是什么样的。

当我走到他家门口时,看见大铁门紧锁着,门口放着孩子的书包,于是我就喊:"小林,你在哪儿了?""我在厕所里。"我明显听到孩子在家里。我又问:"你怎么进去的?"孩子听到是我的声音,不说话了。正在这时走过来一位老爷爷,于是我向他询问小林的情况。老爷爷说:"他家里只有他奶奶,他奶奶到前面的小卖部去了。"我立马找到小卖部,找来了他奶奶。他奶奶告诉我,小林的父母在他上幼儿园时就离婚了。他的爸爸忙着工作,不管孩子。现在家里经常是她和小林两人一起生活。由于她对小林过于溺爱,小林现在几乎不听她的话。一放学他只想着玩,根本不急着写作业。她走过来拉住我的手对我说:"老师,让你操心了,这孩子关键是坐不住,一天到晚害我操心死了。有个三长两短,让我咋办?"听到这话,我心里感到很难过。

二、诊断分析

小林是一个天资聪颖的孩子,能言善辩,很有文采,但自尊心也很强。如果在同学面前批评他,他就立刻形成自我防御机制,展开回击。确实,这个年纪的初中生正处于青春叛逆期,往往老师和家长要求他做什么,他偏要反其道而行之。在刚接触他的几个月中,我对他的管教和约束,已经无形地在他的心里形成了一种抗拒和反感,甚至觉得我在针对他,而我的不快反而成了他快乐的来源。然而,虽然他调皮、缺乏自制力,但他能出色地完成自己感兴趣的事，比如写诗。

通过以上种种分析，我认为小林的这些负向行为仍有可干预和纠正的机会，如果采取适当的心理治疗，一定能够有所改善，小林也可以成为一个好学生。

1. 家庭因素

多位心理学家的研究都认为原生家庭对一个人人格的影响是非常巨大且深远的。"家庭作为社会生活的基本单位，是孩子受教育的第一个场所，父母是孩子的第一任老师，父母的一言一行无不对正在成长的孩子起着潜移默化的作用。"[1]

小林来自单亲家庭，自小父母离异，小林从小没有母亲的照顾，父亲又忙于工作，容易忽略孩子，不能经常与孩子进行沟通，不了解他的学习情况，偶尔回家又对孩子很严厉，动不动就打骂孩子，所以小林最怕老师联系他父亲。然而，父亲的管教方式只会引起孩子的抵触情绪，甚至是反抗，对孩子没有任何正面的积极的影响和教育作用。而且，时间一久，他很有可能会将不满转移到别人身上，甚至对他人产生攻击行为，用暴力排解自己的情绪。

小林的奶奶溺爱孩子，希望他学习好，但她既不懂教育方法，又没有能力辅导他，在生活中一味妥协，凡事处处护着他。小林犯错时，他只会推卸责任，而奶奶则一味偏袒他，使他养成自私自利的性格。奶奶对他言听计从，因此小林习惯以自我为中心，丧失了共情能力，从不考虑他人的感受。

小林得不到父母的关爱、引导和教育，对什么都没有兴趣，又不想失去奶奶的疼爱。他犯错后善于开脱，回避问题，又不能吸取教训，反复犯错，从而成为有负向行为的学生。

2. 学校因素

学校里的老师总是对好学生有所偏爱的，学生都是能感受到的。那些

---

[1] 吕敏. 研究教育策略，促进问题学生转化[J]. 时代教育（教育教学），2011(1).

有负向行为的学生,每次被老师注意到,就是他们犯错误的时候。小林曾对我说:"为什么老师都针对我?一点小事都点我的名,但是我表现好的时候就看不到我,从来都不表扬我。"

每个人都有自尊心,而有负向行为的学生自尊心都很强,这其实也是自卑的另一种表现。他们高度敏感,非常在意周围人的看法,讨厌被嘲讽或忽视,小林也是如此。他会对别人无意的一句话高度敏感而引发情绪。八年级后,学习难度大大提高,小林的那点"小聪明"很快就不够用了,学习成绩落后,受到打击。但他的高自尊又不容许他一直被批评,久而久之,他的自我防御机制便要他放弃学习。就这样,他在学习上自暴自弃,再加上自我约束力差,他一直被老师批评。由此,他对老师产生怨恨情绪,被老师批评多了之后,他便习以为常,毫不放在心上,不断突破规则,以此来证明自己的存在。

这样的学生是很需要得到老师的帮助的,这些行为在某种程度上也是孩子的呐喊:"救救我!我需要帮助!"如果老师缺乏应有的耐心,不去关注他、了解他,引导他认清自己的真实想法,而只是单纯地讽刺和责骂他,这必然会使学生在行为上出现失控现象,最终发展成负向行为。

3. 社会因素

当今社会,家庭不和谐、甚至离婚的夫妻越来越多,离婚率每年持续上升。当家庭发生变化时,孩子失去了父母的爱,他们的内心受到了严重的心理创伤。缺少引导和关爱的他们比正常家庭的孩子更容易沾染上不良风气。

由于青少年正处于心智不稳定的阶段,世界观、价值观还不成熟,他们更容易被环境和他人影响。现在的小学生比较早熟,一些学生脏话连篇,离家出走,更有甚者误入歧途。初中生虽说是"小大人"了,但毕竟还是孩子,面对很多复杂的问题,他们辨别是非的能力比较弱,自制力也比较弱,如果家长和老师不能及时发现问题,就会产生严重后果。

据同学称,小林经常一放学就抱着手机玩游戏,并且经常向同学炫耀自己的"战绩",而白天课堂上他容易犯困,没有精神,无法集中注意力听讲,学习成绩自然大幅下滑。

三、制定系统干预方案

针对以上几个方面,我制定了以下干预方案:

1. 改善小林家庭教育方式

小林负向行为的根源在家庭,因此对于他的负向行为的转化肯定要从家庭入手。我认为要先将学校的教育思想传递给小林父亲,再让他想办法转变小林奶奶的教育观念。我将通过家访、电话沟通、线上讲座推广、家长学校等形式,向家长多传递正确的教育方法,同时及时有效地了解孩子在家的情况,将小林父亲过去简单粗暴的教育方式转变过来。要让家长明白,抽出时间关注孩子是很重要的。家长需要发现孩子的优点,并且给予其鼓励和表扬,而不是批评和打骂,让小林更多地感受到父亲的关心。同时,父亲要做奶奶的思想工作,要严格教育孩子,不能一味庇护他,这样家校配合、双管齐下,转化负向行为的效果会更明显。

另外,我提醒小林父亲,要有耐心,静待花开,切忌操之过急。短时间内,如果小林没能达到家长的预期,千万不能说让孩子灰心的话。

2. 用公平去尊重,用"偏爱"去激励

公平地对待班中的每一个孩子,尊重每一个孩子,不偏心成绩好的学生。考虑到小林的高自尊,老师要注意不能伤害他的自尊心,不妨对他多点"偏爱",以此来帮助他树立自信心。关心他的学习、生活,用心发现他的闪光点,多激励他,使他慢慢卸下对老师的防备和抵抗心理,让他明白老师不是只会找他的问题,也会看到他好的方面,以此来增强他的自信心。

课堂上,老师要让他有机会发挥长处,一旦他拥有成就感,就能够找回学习兴趣,一旦增强自信心,就能找到存在感,从而减少负向行为。对于成绩落后的学生,要及时调整作业的量与难度,但要求也不能过低,要因材施教。

一旦小林达成一定的要求之后,就要提高对他的期待,激励他,相信他能够做得更好,我们对他要有足够的尊重和信任,促使他产生动力。

3. 渗透情感,用爱感化

鲁迅先生说:"教育植根于爱。"于漪老师也曾表达过相似的观点,要感动学生,我们必须先感动自己。真诚的爱远远超过责任感,只有真正的师爱,才能感染学生,要去关注和激励有负向行为的孩子。

小林缺乏家庭的关爱,因此他更需要关心和鼓励。作为老师,我应当像妈妈一样,给他无尽的爱和耐心,在学习上肯定他的进步,对负向行为多一点包容,不小题大做,不抓着不放,鼓励他积极参加班级、学校的各项活动,同时课后多一对一谈话,给他一些人生道路上的指引。作为一名园丁,我们要将自己的生命烛火点亮,燃烧自己,照亮学生。小林因对我产生信任而会接受教育,我坚信,小林在爱的教育中,一定会从量变到质变的大进步。

四、干预实施

1. 负向行为发生情景一及相关对策

小林同学上课一直趴着,无精打采,偶尔抬起头,也是同后桌的同学捣乱,一点儿也不专心听讲。

长时间的无人关注及学习上的挫败感使小林自暴自弃,所以一定要创造条件让他看到自己的闪光点,从而树立信心。

要改变别人,先学着改变自己。我决定从改变自身入手,上课时一定要做到精神焕发,热情洋溢,讲课生动,把枯燥的知识讲得有趣些,尝试着多关注小林,把课堂上一些简单问题的发言机会留给他,让他多展示自己。

在一次全校英语组听课时,我特意点名小林回答一个问题,小林在全班同学和听课老师的见证下,完美答出了我的问题,并且发音也非常标准。我抓住机会,让全班同学都给他掌声,适时地表扬和鼓励他,他笑得很开心。

他的笑容让我看到了希望,当他感受到老师的"偏爱"时,他渐渐对我放下了防备，学习的自信心也慢慢增强，上课也开始举手发言了，我很欣慰。

对于有负向行为的学生，我们一定要注意避免一味地批评和指责，多采用正向教育，让学生卸下对老师的防备。我们应当增强个人风格，提高自己的教学能力，吸引学生主动参与学习过程。

2. 负向行为发生情景二及相关对策

坚持了一段时间，小林进步了很多，不仅在学习方面，而且在行为规范方面也好了很多，能融入班集体了。但是有一天他又"手痒"了，打了同学。

罗马不是一日建成的，负向行为也不是一下子就形成的，短时间内也无法彻底改正。小林的负向行为自然会有反复，这个时候老师千万不能对他失去信心和耐心，要多点包容。

对于小林的负向行为，我没有严厉批评，而是以打趣的方式对他说："哎呀，小林，本来老师还想在下次班会课上表扬你呢，你最近的表现和进步老师都看在眼里。这下没办法了……可惜了，你失去了一次受赞美的机会。"我的打趣没有伤害到他的自尊心，他反而听进去了，不那么抗拒我。听了我的话，他当即向同学道歉，并承诺不再打人。看到了他这样的态度，我很为他高兴。

看到孩子的进步，我决定立刻和他的父亲联系，把小林的表现告诉他，让他意识到孩子进步了，增强对孩子的信心。

小林开始接受我的教育。我没有把他打人的事向他的父亲说，而是对他进步的表现表示了肯定。他一方面对我有些感激，另一方面也感受到了父亲对他的关爱和肯定。

不仅小林的行为有了转变，而且他父亲的行为也有了转变，正因为根源问题在慢慢化解，小林对同学、对老师不再充满怨气。自此，小林一点一滴在进步。在"每月之星"的评选活动中，我推选了小林，同学们也纷纷投票表示赞成，小林笑得更开心了。

对于有负向行为的学生来说,行为有反复是很正常的。老师应当要有耐心,好的行为需要用赞扬去巩固,但是对于不好的行为,惩罚需要慎重,不能伤了孩子的自尊心,让之前的努力前功尽弃。我们既要多创造一些成功的机会,帮助他们树立信心;又要与家长密切联系,家校协同。最重要的是要有耐心和包容心,不能对孩子失去信心。

五、个案反思

总而言之,对于学生负向行为的转化,我认为最根本的是老师要用爱去理解和包容学生。首先要不带任何偏见地去关注、了解学生,再客观地分析他的负向行为到底源自何处。找到源头,就成功了一半,再根据原因制定出相应的干预措施。作为班主任,我们在班级管理工作中不能凭自身过往的经验,简单粗暴、片面地判定一个学生。德国教育学家乌申斯基曾经说过:"教育的主要活动是在心理现象领域内进行的。"在分析学生时,要了解他的个性、心理,准确地找出学生负向行为的心理成因。

同时,我觉得要管好一个班级还需了解学生的家庭背景,然后因材施教。对于家庭不健全的孩子,要心平气和,动之以情、晓之以理,切不可伤害他们的自尊心,要让他们感受到老师的关心与重视,从而慢慢转变自己,养成良好的习惯。

我们要找机会、甚至创造平台让他们展示自己、表现自己,以此来增强他们的自信心,让他们放下他们的高自尊,降低对老师的抵抗心理。同时,要想让负向行为学生发生转变,养成好习惯,要有毅力和恒心,多一些包容心和耐心。因此,我们应当周全地制定计划,一旦向他们提出要求,必须使他们按时保质保量完成。在制定计划时,不可操之过急,要根据不同对象的特点,耐心地引导他们在能力范围内逐步达到目标。如果负向行为学生能够一步一个脚印地按照计划前进,我们还要及时注意到他们的进步,鼓励他们,这样才能更好地巩固行为转化的成果。

这是一项需要老师持之以恒不断探索、创新的任务,我们的爱因学生而存在。这是一种情感,也是一种智慧和能力。因为有爱,相信我们总能感染到学生,帮助他们更好地成长。

个案 10

关注个性　发挥优点

——学生过于自我型负向行为的早期
识别与系统干预的个案研究

黄凯伦

一、个案选择:负向行为的早期观察与描述记录

1. 基本情况

小荣,男,14岁。他是一个较为特殊的学生,第一个特殊在于他属于中度听力残疾,平时靠人工耳蜗才能和外界沟通联系;第二个特殊在于他的行为习惯和学习态度糟糕,作业只能完成简单的抄写,老师和他沟通时,他经常假装听不到。但他又特别喜欢球类运动和自行车,经常半夜偷偷溜出家打球或骑自行车。

2. 主要行为

(1)假装听不见。"黄老师,小荣上课实在太过分了。"当时,我正在办公室中埋头批改作业,徐老师就气冲冲地进来了。"我点他回答一个问题,喊了半天他的名字,他都不理我,最后跟我说他听不见。别的同学叫他,他回得可快了!"

小荣这种假装听不见的行为,几乎每个任课老师都会时不时遇到,明明上一秒他和同学讲话讲得很起劲,下一秒对老师的提问就假装听不到了。

(2)爱说谎。小荣在学习上是一个困难生,每天的作业只能完成简单抄写,其余要动脑子的一概不写。考试的时候如果心情不好,他干脆连试

卷也不交。他父亲经常工作到半夜才能回家，所以无法督促他学习，平时都是奶奶看着他写作业。

小荣奶奶告诉我，小荣每天都很认真地写作业，写到很晚，甚至周末还出去补习数学。我向小荣奶奶说了小荣的学习成绩和作业情况，她起初并不相信，后来还责怪老师没教好他。

后来我得知，小荣不许奶奶进他的房间，所谓的写作业写到很晚是骗人的，其实他一直在房间里玩手机，而周末补习数学更是编的，他拿着奶奶给他的补习费在外面结交各种朋友。

（3）爱迟到。小荣上课迟到是出了名的，经常早读课结束后他才姗姗来迟，有些时候甚至是第一节课结束后才来。记得有一次已经是第二节课下课了，小荣还没来上学，于是我赶紧换课去他家，在赶往他家的路上，我遇到了慢悠悠来上学的小荣。

小荣和我说，他从来没想过考高中，他想以后当一名体育健儿，退役后还能当教练。可是家里并不支持他，他们只想让他考高中，甚至是重点高中。这么看来，小荣每次上课迟到可能都是一种抗争。

（4）体育健儿。如果说小荣在课堂上是小透明的话，那么他在体育课上就是一颗星星了。小荣的身高并不算高，但是他的弹跳力很棒，篮球场上总能见到他矫健的身姿。中午，小荣总是不吃午饭，而是和低年级同学在篮球场上挥汗如雨。

小荣父亲在酒店从事后厨工作，平时喜欢骑机车四处旅行。我想小荣半夜溜出家骑自行车多半是受父亲影响吧。

二、问卷调查分析

我拜托心理老师给他做了一份问卷调查，《长处和困难问卷》显示，小林在行为、品行、情绪、多动注意不能等问题上都存在不同程度的异常。

这些方面需要引起老师和家长的重视，并对其进行干预和引导。

三、个案学生负向行为的早期识别与原因分析

1. 情况分析

小荣出生在一个特殊家庭,父亲和母亲都是先天性聋哑,后来父母离婚,父亲又再婚。我和小荣父亲的接触并不多,几次接触都是沟通小荣在校的表现。接触下来发现,小荣父亲很重视孩子的教育问题。但是后来据小荣所说,每次我找过他父亲后,父亲都会不分青红皂白地打他一顿出气。所以小荣对于他父亲的管教根本不服气,以至于到后来和他父亲动起手来。很显然,父亲这样的教育方式是失败的。对于生母和继母,小荣没有提过。

小荣的爷爷奶奶对孩子感到亏欠,所以他们在物质上尽量满足小荣,已经到了溺爱的程度。每次父亲揍小荣时,爷爷奶奶都会及时赶到,一把拉过小荣藏在身后并数落父亲。由于怕父亲对小荣照顾不周,爷爷奶奶还隔三岔五地把小荣接到自己家里居住。久而久之,这也造成了小荣和父亲的隔阂。

2. 干预策略

(1) 父母职责归位。在小荣的家庭教育上,父母的职责是缺位的。无论爷爷奶奶对小荣再怎么关爱,父爱母爱都是无法替代的。所以要想改变小荣,首先父母要意识到自己的责任。可以从简单的一顿早饭、一次谈心、一次辅导功课开始。爷爷奶奶要让权,把教育小荣的权力让给父母,但也要做到监督。教育绝不是简单的打骂,而是心与心的交流。

(2) 发现闪光点。我们看一个人总习惯于先看他的缺点。如果这么看的话,小荣的确挺招人嫌的。但是如果换个角度,先看看小荣的闪光点,会发现小荣其实也挺可爱的。小荣酷爱体育,我甚至还有几次在健身房偶遇他。所以在教育的过程中,我们可以从他的闪光点出发,对他提出其力所能及的要求,比如和他说要想篮球打得好,抛物线得先学好,力学也不能少,万一和外国人打篮球,英语更不能逊色。这样从他喜欢的方面入手,既让他明白学习是为了自己,又能激发他的学习主动性。

个案 11

拥抱孩子　给予改变的力量
——学生攻击倾向型负向行为早期识别与系统干预的个案研究

曹　玥

一、个案选择

1. 主要情况

小雨，女，10岁，二年级。她有一个调皮的弟弟，父母脾气比较急。我从任课老师及同学家长处了解到，小雨并不是大家眼中的"乖孩子"，而是一个喜欢撒谎、会动手欺负同学的孩子，有攻击倾向型负向行为。她曾经和同学发生言语或肢体冲突，导致同学和老师对她的看法一直不好，还有同学刻意与她保持距离。

2. 主要行为

和小雨接触是在二年级上学期，有任课老师曾经告诉我，小雨和小佳之间素有矛盾，稍不小心双方之间就会引发很大的争吵，从一年级开始每个学期她们都会有规模不小的争吵，家长之间的关系也剑拔弩张。她们的矛盾起因是，小雨和班上另外两名同学一起，将性格内向、不爱说话的小佳的笔袋扔到了垃圾筒里。得知此事后，小佳的家长非常激动，找到学校要求老师帮小佳主持公道。由于小雨是刚刚入学的孩子，不太懂事，也许她是出于好玩才将小佳的笔袋扔到了垃圾筒内。在老师的批评教育之后，另外两名同学向小佳道歉了，小雨同样也道了歉，但是其行为并没有停止，小雨总是三天两头会与小佳产生摩擦，两人就此结下了"梁子"。

在二年级上学期时，一天，小佳回家后，妈妈发现女儿手背上有红笔留下的印子，得知是小雨在小佳手上画的。小佳妈妈是个急脾气，得知此事后非常生气，直接在班级群中点名了小雨家长。小雨家长避开此事，却把小雨前几天被小佳抓伤的图片贴了出来,于是,双方家长在班级群中开启了一场骂战,其他家长看不下去,纷纷出面劝架。当时班主任老师也表示有时间要请双方家长一同商量解决对策。最后,小雨和小佳不再来往,事情暂时画上一个句号。

二年级下学期我接手了班主任工作,对小雨的接触慢慢多了起来。在学习上小雨会偷懒,对于老师布置的任务会和爸爸妈妈撒谎,以此少完成一些。

时不时会有学生向我告状,说小雨又在欺负人,而我会严厉地批评她。因此,在小雨的眼里,我是一个很"凶"的老师。一次,又有学生向我说小雨在欺负小佳,我连忙赶到教室询问情况,看到小佳在哭,仔细一问,原来是小雨说小佳偷了她的东西,小佳不善言辞,性格内向,就直接哭了起来。我问小雨有没有证据证明东西是小佳偷的,她告诉我每次丢的东西都会在小佳那里找到。我也问了小佳为什么小雨的文具会在她这里。她告诉我每周更换座位时,小雨都会在桌肚里面留下一些垃圾和文具。了解情况后我告诉小雨,要收拾干净桌肚再离开,并且告诉她"偷"这个字不能随便用在同学身上,要看好自己的物品,不可以随便说别人"偷"东西。然而,小雨仍然觉得是小佳拿了她的东西。

过了不多久,小雨的东西又丢了,而这时为了避免她俩产生矛盾,我特地将她们的座位调开,这次小雨说东西是另一个坐得近的男孩小星"偷"的。小星告诉我,他就用了一下彩色笔后就放回去了,并没有"偷",而小雨却一口咬定是小星"偷"了她的彩色笔。我再次和小雨强调,在没有证据之前不可以随意用"偷"这个字,并告诉小雨,让她想想东西会不会在其他人那里,再好好找一找。但小雨咬定是小星干的。后来,彩色笔在小雨的朋友那里找到了,原来是小雨自己忘记拿回去了。

因为我的严厉,让小雨对我有些害怕,她甚至写纸条骂我。我求助了有经验的德育老师,让她单独找小雨聊一聊。德育老师告诉我,因为我平时非常严厉,所以小雨并不喜欢我。之后,我单独找小雨谈话,我告诉小雨,只要她遵守纪律,不再和同学起冲突,我可以不把这件事告诉她的爸爸妈妈。小雨向我道了歉,并保证不再写这样的话了,我决定再观察一段时间。

就在我以为这个学期会平静度过时,矛盾如期而至。小雨是值日生,在周五举行完儿童节活动之后,因小佳动作慢,小雨就想催促她快一些,便推了她,同学以为小雨在欺负小佳,便来告诉我。小雨告诉我她只是想让小佳动作快一些。我问小雨为什么不能好好说,一定要动手推她。她顿了顿,回答说"因为她老拿我东西"。在孩子的逻辑中,她之所以要动手是因为小佳拿走了她的东西,然而她并没有实际证据。就在我和小雨交流时,小佳的外婆直接来了教室,冲到小雨面前威胁要打她耳光。我连忙把孩子护在身后,抱着小雨,安慰她。她哭得很厉害,我一边安慰她,一边告诉她不用害怕,老师会保护她,并同时问她有没有真的欺负小佳。她告诉我小佳有时候也会在没人看见的地方打她。在这之后,小雨的父母得知了事情,非常气愤,在班级群中双方父母不断吵架,上升到约架。之后,在学校里,我们约谈了双方家长,他们一见面就情绪激动,甚至差点拳脚相向。后来经过不断劝说,小佳的父母终于愿意给小雨时间来改正坏习惯,并且注意对小佳内向性格的引导。交流中我们发现小佳可能也存在撒谎的行为。

二、个案学生行为分析

小佳被欺负是因为她性格内向,不爱说话,并且行动上有些迟缓。站在小雨的角度来分析她的行为,我认为儿童欺负他人是因为自己有不安全感,小雨有个年纪尚小的弟弟,加之父母每天工作都很忙,注意力往往放在弟弟身上会更多些。从小雨的实际情况来看,她的不良表现有:与同学打架,骂人,搞恶作剧;欺骗家长或老师,不完成作业,抄袭作业;故意损毁学校的课桌椅;不服从老师安排;等等。

小雨逐渐变成了不受欢迎的儿童,因此小雨对于朋友之间的交往就比较敏感,如果原来的朋友不愿意继续和她玩,小雨就会去打人,但实际上她的内心并不希望朋友离开她。

在本案例中我们提到过,小雨的父母是非常典型的"简单粗暴型家长",这类家长脾气比较暴烈,不善于反思自己身上的问题。家长在孩子的问题上避重就轻,在思想教育上有着严重的偏差。因此,当发生与成绩无关的事件时,家长最先关注的就是自己的孩子有没有吃亏,如果吃了亏,在孩子面前就表现得非常激动。此类简单粗暴型家长对待孩子如同对待家庭财产一般,孩子没有发言权,对儿童心理发展产生消极影响。家长不与孩子沟通、交流,只是一味地把自己的思想强加于孩子,而不管孩子接受与否,也不管自己的思想是否正确。孩子像镜子一般照映出父母的情绪。在和小雨父母的沟通中,他们提到在讨论事情时不会避讳孩子,将好的、坏的情绪和想法直接抛给孩子。长此以往,这很可能给孩子积累了巨大的心理压力,若心理压力过大,有的孩子性格会变得粗鲁、野蛮,他们会将同学作为发泄对象;有的则会产生厌学情绪,养成撒谎的习惯,亦有可能变得自卑。

家长的一言一行都影响孩子,从案例中我们可以发现,小雨从父母身上学到了不恰当的言语表达和行为方式,与此同时,小雨的父母重视成绩而忽略品德教育,认为孩子欺负人并不很严重。

小雨是上海本地人,家里条件比较优渥,考虑事情缺乏同理心,相对来说比较自我,不会从别人的角度思考问题。小雨永远把错误归咎到其他人身上,这正是小雨缺乏正确归因能力的表现。

三、干预方案

面对小雨这样的孩子,我决定从三个方面进行干预:自身、家庭、学校。从自身来说,小雨首先需要放下原有的一些偏激的想法,改变其消极状态,如东西一丢就说是别人"偷"的。其次是引导她学会正确的归因,遇到事情学会客观分析,不单单在别人身上找问题,也要找找自己身上的问题。

对小雨来说日积月累的习惯难以一下子就改变,目标分解法比较适用于小雨,目标分解中包括长期目标、中期目标、近期目标。

长期目标:① 小雨成功改掉现有的思维方式,思想积极乐观。② 和同学之间友好融洽,学会正确表达自己的想法。③ 行为规范和学习成绩能够在班中位于前列。

中期目标:① 小雨可以照顾小佳,和小佳成为好朋友。② 小雨和小佳的家长不再发生争吵。

近期目标：① 小雨改掉喜欢动手动脚的坏毛病。② 不再学爸爸妈妈的口头禅。③ 帮老师做事，做老师的"小助理"。

除了有明确的目标之外，小雨需要及时得到来自老师、家长、同学的反馈，我告诉小雨父母在家中要注意言行，还应该及时表扬孩子的进步，并引导孩子表达自己的想法。循循善诱型的家长会尊重孩子的需求，他们会平等地和孩子交流，倾听孩子的想法，并予以孩子支持。孩子在遇到难题时，循循善诱的家长会给出方法或建议，指导孩子拥有解决问题的能力。他们营造的令人放松的家庭环境，可以让孩子情绪稳定。案例中，小雨愿意沟通，说明家长正在改变。因此，当小雨遇到问题时，她也愿意将问题告知父母，父母应该让小雨学会如何面对挫折。家长的正面管教和引导更能让孩子及时纠正不良行为。

在学校中，口头上的教育起到的实际作用不大，所以，我让小雨帮我做一些小事，并告诉她老师喜欢她，同样的，她也可以让同学喜欢她。我相信每个学生都是可以正向发展的，学生存在某个方面的问题，只是暂时的。同时在课堂上，我告诉学生正确的相处之道，让学生学会发现他人的闪光点。榜样的力量是无穷的，小雨在学习和生活中有了榜样，从而学习更加积极主动了。

家庭和学校之间也需要配合，为了学生的发展，家校合力能为孩子健康成长打下基础。我及时和小雨家长联系，反映孩子的进步表现。

四、行为矫正

我发现小雨和小佳发生矛盾的原因是小雨觉得小佳速度慢，想要让她动作快一点，就给她设置了一些小障碍。在事情过去之后，我告诉小雨她可以慢慢改掉不好的小习惯，只要把那些小习惯改掉了，她就是非常棒的孩子。小雨告诉我，她非常愿意成为大家都喜欢的孩子。在小雨连续一周表现很不错后，我决定奖励小雨。小雨非常高兴，我看到了孩子天真的笑容。

五、个案反思

在和小雨的接触过程中,我感悟到:孩子都是善良、天真的,孩子眼中的世界是非常单纯的。我们不应该去破坏孩子对世界的美好看法。好的家庭教育对孩子的一生都会有正面的、积极的作用。好的家教、好的成长环境是孩子拥有健康人格的最好土壤。

此案例让我明白了,家庭教育在孩子的成长道路上意义重大。因为父母的表率作用非常重要。好的家庭教育不可替代,为了给孩子更好的教育,老师发现问题后,要及时和家长沟通,指出问题,共同帮助孩子成长。

个案 12

悦纳自己 持续关爱
——学生攻击倾向型负向行为的早期
识别与系统干预的个案研究

俞 佳

一、早期行为观察

琨琨,一年级学生,他的父母都是上海人,就住在学校边上的小区里。他的身体发育比较快,有点超重,一双充满智慧的大眼睛,黝黑的脸上,常常挂着惹人喜爱的笑容,适应新环境的能力比较强。但和他看似开朗的外表不同的是,开学仅仅三天,周围就有许多同学被他打了。问其理由,有时候可能只是因为别人不愿意和他玩耍,甚至在没有任何理由的情况下,他也喜欢向同学挥拳头。

本来刚刚入学的小朋友,还不能非常适应小学的学习生活,部分胆小的孩子还有哭闹及对陌生环境的焦虑感。可偏偏班级里又有琨琨这样的孩子,不少被打的孩子增加了对上学的恐惧感,甚至个别胆小的小朋友晚上做噩梦。孩子都是家长的心头肉,看到自家的孩子居然挨了打,许多家长都出奇愤怒,怒气冲冲地向我投诉,即使我让琨琨及他的家长向被打的孩子及孩子家长道歉,但这次的意外在被打孩子的心中留下了深深的阴影。

然而情况并没有丝毫好转,第二周琨琨开始变本加厉。坐在最后排的他,上课的时候,只要老师一转身,他不是玩折纸,就是抠橡皮、铅笔,连直尺都被他当作吓唬同学的"武器"。下课时,他不是凶巴巴地继续挥拳头欺负同学,就是用水去泼女同学,看到被吓得哇哇大叫的同学,他没有任何的内疚感,反而得意扬扬地拍手大笑……

发展到后来,上课跑出座位、随意插嘴的是他,故意尖叫捣乱、哈哈大笑的是他,午餐时将米粒、饭菜扔向他人的也是他,甚至连图书角种植的植物,稍不注意就被他连根拔起,同学们放在图书角的图画书,也被他随意乱撕。当老师耐心跟他讲道理时,他却总是露出不屑的表情,甚至有时还会露出毫不在意的笑容,丝毫没有意识到自己这些不良行为所带来的严重后果。任课老师批评、没收他的东西,他不但不改,反而像被老师表扬了一样,感觉良好。

二、个案早期识别与原因分析

每一个孩子都在不同的环境中长大,各种因素都会对孩子的性格塑造及习惯养成产生潜移默化的影响。通过与琨琨爸爸和爷爷多次的访谈,我对琨琨的家庭有了一定的了解。

琨琨爸爸对他的影响很大,爸爸性子比较急,做事情很冲动,有时候喜欢用暴力来解决问题。由于性格问题,他长期与琨琨妈妈分居。在孩子的成长中,爷爷一味满足他的要求。家中没有任何女性,导致琨琨在生活中比较粗糙,很多小细节都不注意。由于妈妈的缺位、爸爸教育意识的淡薄,直到幼儿园大班,他们一直对琨琨采取"放养"的态度,任其自由生长。进入小学后,琨琨爸爸开始意识到琨琨丝毫没有规则意识,开始培养他的习惯,但是却常常对他发号施令,要求琨琨无条件服从,如果琨琨不服从他的要求,他轻则对孩子破口大骂,重则还会出手打孩子。在上小学前,琨琨就对打骂习以为常了。

1. 家庭背景访谈后的记录

通过对琨琨爸爸进行访谈，我对琨琨的家庭背景有了一定的了解。琨琨的家庭情况比较特殊，在他很小的时候，爸爸和妈妈就离婚了。由于爸爸工作很忙，没有时间来陪伴琨琨，并且爸爸在教育孩子这件事情上缺乏耐心，没能对孩子的语言、行为、习惯进行良好的约束和指导，甚至在发现琨琨已经有了一些不良的行为习惯之后，爸爸并没有及时想办法帮助琨琨来纠正。正是爸爸满不在乎的态度和他缺乏耐心、只会打骂的教育方式，才让琨琨来到学校后，把爸爸对他的惩罚转移到班中其他小朋友的身上，对其他小朋友进行言语辱骂、身体攻击，直至转移到对班集体活动的反抗或破坏班级公共物品上。琨琨的这些行为表现无疑是非常恶劣的，但其实琨琨并不是出于恶意来做这些事情，他不知道怎样才能得到他人的关注和爱护，于是用错误的方式去寻求心理平衡。

2. 早期识别

琨琨的自我描述：我有时候会发脾气，控制不住就想打架。周围没有什么人愿意和我玩，我很希望可以交到朋友。

同学对琨琨的描述：琨琨经常会发脾气，不知道为什么就暴躁了，发了脾气撞到我们也很少道歉，而且他好像不太会和我们玩，周围的男生不是很喜欢他。平时我也会提醒他，一些不太好的行为要改掉。

老师的观察：琨琨和爸爸、爷爷居住在一起，父母长期分居，是本地拆迁户。琨琨爸爸是申通地铁下属某公司从事修理类工作的，经常日夜倒班，没有时间在他身上投入精力，也没有耐心对他进行劝说，在他犯错的时候，基本以打骂教育为主，下手比较厉害。有一次琨琨身上被打得青一块紫一块。爸爸不在的时候，爷爷会照顾他，但爷爷脾气也非常暴躁，只管他吃饱，不管其他，有时也和爸爸一起打骂琨琨。一年大约三四次，妈妈和外婆会出现，由于长期不在孩子身边，她们产生了强烈的愧疚感，所以对琨琨非常纵容和包庇，利用每一次见面的机会，带他玩，并没有对他进行正面教育及情绪疏导。

3. 问卷分析

在《攻击性量表》中,琨琨在身体攻击、替代攻击、愤怒方面的数据异常,在情绪不稳定的情况下,有明显的过激想法和攻击行为。他时常会觉得周围人欺负他、冤枉他。有时候,普通的私下交流,也会让他觉得有人在背后嘲笑他。

在《长处和困难问卷》中,他的行为问题和情绪症状异常。他时常会产生过激、攻击等行为,从经常大哭、大叫,发展到摔书本、丢铅笔等。其实他是通过这一类攻击性、发泄性的行为来逃避自己所遇到的困难。

这些行为说明琨琨缺乏安全感,否定自我。没人喜欢和他玩耍,那他就会想办法让他们注意到他;他觉得这只是和同学们开玩笑,而同学们却十分小气,什么事都要向老师打报告,这是在欺负他。如果同学们欺负他,那么他就学爸爸那样,对同学们拳脚相向。

琨琨之所以会做出这些行为,背后有着一套逻辑:整个世界中没有一个人真正爱护我、关心我、喜欢我,因此这个世界对于我来说并不是一个安全稳定的环境,而是充满危险的。如果我想要寻求安全和稳定,就不能相信任何人,只能相信我自己。我要牢牢地将权力掌握在自己的手中,而别人在面对我的时候只能听从我的要求和指令,对我感到畏惧,这样我才能够处在一个安全的境地中。如果我不能得到我所渴望的安全,那么我也同样不会让别人好过,我会尽我所能,至少让别人处在和我一样的境地,不能好过。

通过对琨琨行为背后的逻辑的分析,我们可以对琨琨的自我防御模式进行总结。那就是当自己不处于安全境地时,或是遇到一些不符合自己心意的事情,他就会对他人、对外界进行攻击。

由于长期缺乏母亲的关爱,琨琨的安全感严重缺失。他受父亲性格的影响较大,情绪一上来就非常冲动,渐渐地,他身上的坏毛病越来越多,常常想尽所有的办法求关注,事事都以自我为中心。在上小学后,长期放养琨琨的爸爸对他身上的缺点才开始重视起来,但没有改变自己粗暴的教育方式,只是一味打骂,忽略了对他进行正确引导和思想教育。

4. 理论支持

正面管教理论是由两位心理学家简·尼尔森和琳诺特提出的。这种面向孩子的教育模式非常独特新颖,既不主张对孩子进行过度的惩罚,也不宣扬对孩子进行过分的放纵,而是强调创建一种适合孩子成长的教育氛围,这种教育氛围具有两大特征:一是和善,二是坚定。只有在这样的教育氛围当中培养出来的孩子,才能够严格要求和约束自己,具备强烈的责任感,善于和他人进行合作,勇于积极地解决问题[1]。

衡量一种教育模式究竟是否为正面管教的教育模式,主要有以下几条标准[2]:第一,这种教育模式能否让孩子从中感觉到自己的归属感及价值感,能否让孩子找到自己与他人、与家庭、与社会连接的入口。第二,在这种教育模式中,教育者与孩子之间能否实现双向的尊重和鼓励,教育者能否为孩子创造出兼具坚定与和善两大特质的教育氛围。第三,这种教育模式能否让孩子学会必要的生活技能及良好的个人品质,譬如尊重他人、与他人进行合作、积极解决问题、为他人作出贡献等。第四,这种教育模式能否让孩子对他们自身所拥有的能力具备正确的认知。

如果我们发现孩子在一段时间当中出现了一些正向的积极的变化,那么鼓励一定是促成这种变化的一个重要因素。鼓励,能够让孩子明显感受到自己受到了他人和外界的关爱,能够让他们感觉到自己并不是孤独无依的,而是能够获得支持与帮助的,这会让他们具备归属感和安全感,从而在生活当中变得更加自信与自如。对于孩子来讲,如果他们得到了外界的充分鼓励,那就更容易获得两种能力,第一种能力就是掌握自己生活的能力,第二种能力就是愿意积极地对外界并作出贡献的能力。正面管教理论可增加孩子的归属感,也强调鼓励的重要性。

---

[1] 曹玉环. 正向行为塑造,促进孩子心灵成长[J]. 中小学心理健康教育,2017(18).
[2] 王大肖. 让不良行为在爱的抚慰下消失[J]. 考试周刊,2015(14).

三、矫正与系统干预措施及环境建构

1. 关爱、开导,给予他父母般的爱

(1) 来自老师的关爱。对于一个年幼的孩子来讲,爸爸妈妈为他撑起了一片天空,爸爸妈妈的缺位会给他们带来非常大的打击,如果爸爸或者妈妈不在他的身边,就相当于半个天空坍塌了下来。如果爸爸妈妈都不在他的身边,那么他的世界会变得灰暗。

在某一周的升旗仪式上,所有小朋友都穿着校服。在整理队伍的时候,我发现琨琨的站姿不同寻常,他总是用手提着裤子,看起来很是笨拙。我仔细一看,发现他的裤腰上还绑着女生绑头发的皮筋。于是我就问他:"琨琨,你的裤子怎么啦?"琨琨回答说他裤子里的松紧带坏了,腰身太大,所以裤子总是往下掉。他向爸爸说了这件事,但是爸爸太忙了,没有时间帮他换掉松紧带,所以他只能自己想办法,找到皮筋来绑住裤子。说完这番话,琨琨有些不好意思,但又为自己的聪明露出了些许骄傲的神色。我沉默了,不禁对他非常心疼与怜爱。中午,我趁休息的时间到街上去买了松紧带,下午琨琨来上学的时候我就帮他把松紧带给换掉了。琨琨对换过松紧带的裤子爱不释手,高兴极了。

(2) 来自集体的温暖。一个老师要想做好教育工作,其中最重要的是对学生的爱。老师只有无私地向学生付出自己的爱,才能换得教育的收获。我将班级里的班干部们单独叫到办公室里谈话,对他们进行思想教育,号召他们对琨琨献出自己的爱心,团结起来帮助他改正错误,走出困境。我还在班级里成立了帮助琨琨的小组,不同的小组分别为琨琨提供不同的帮助。有的小组成员专门为琨琨提供学习上的帮助,如果琨琨在学习上遇到了困难,就可以向他们求助。有的小组成员专门向琨琨提供合作与陪伴,当班级里出现需要小组合作的活动时,这些组员就会积极邀请琨琨一起合作。

2. 移情换位,使他产生同理心

通常情况下,施暴的孩子在看到受害的孩子产生痛苦表情时,会停止自己的不良行为,但另一部分施暴的孩子则会虚荣心膨胀,进一步对受害的孩子施加不良行为,这类施暴的孩子缺乏一种移情的能力,就是一种与别人感同身受的能力,一种与别人进行换位思考的能力。如果对别人施加不良行为的孩子能够站在受害者的立场上,将自己代入进去,这种内疚感与负罪感就会促使这个孩子停止不良行为。我和琨琨约定好以后一定不随便乱挥拳头,他既感到有趣,又感到了老师对他的信任。同时在这一角色换位的体验当中,他意识到了过于偏激的言行对别人造成的伤害。

3. 赞赏鼓励,给他自信的笑容

一个孩子之所以能够成长为一个好孩子,离不开夸赞的重要作用。等到我当了老师并把这句话付诸实践以后,我才真正对这个道理深以为然。

我对琨琨进行了长时间的细致观察,发现只要我一表扬他,他就会显得非常高兴。有一次吃完午饭,坐在琨琨前面的一个女生的汤碗撒了,汤泼得一地都是。没想到,琨琨看到了,一个箭步冲出教室,拿来拖把想要拖地。周围同学以为他又要捣蛋了,纷纷制止他。我忍不住插了一句话:"琨琨真厉害,能帮助同学了。"听了我的话,琨琨更加努力拖地了。没想到,从此他竟然喜欢上了劳动,遇到脏活累活他总是冲在前面,抢着干。

4. 家校协力,给他足够的安全感

(1) 给爸爸的几点建议:一是尊重孩子的人格尊严。孩子是一个独立的个体,有自己的思考并有人格尊严。爸爸妈妈在对待孩子的时候,不能对孩子施以完全的控制,而应该平等对待孩子,发现孩子的错误时,不应仅仅严厉批评训斥,甚至以暴力手段来解决问题,而应该静下心来和孩子一起分析问题,给予他们充分的尊重和认可。

二是及时充分地满足孩子特定的情感需要。情感上的需要是孩子最基本的要求,在孩子的心理发展过程中不可或缺。琨琨父母不和,父亲长期忙于工作,爷爷虽然照顾他,但也缺乏耐心。琨琨日渐长大,自我意识逐步显现,对母爱的渴望越发强烈,而与此同时,他的情感却得不到回应,也没有任何解压与宣泄的出口,只能将种种合理的情感深深压抑在心底。外界不能够理解和尊重他,久而久之他就可能会产生肆意发泄、狂躁不安、情绪波动大等不良的性格特征,因此我认为琨琨的家长应当满足他对爱的需求,让他在温暖的家庭中充分感受到爱。

三是注重家长行为的榜样示范作用。模仿作为一种主要途径,是儿童获得社会性发展的一个标志。儿童在很小的时候就养成了观察能力,他们会对周围环境进行细致观察,在模仿他人的过程当中,在自己的大脑中构建起自身的行为准则。由于儿童大部分的时间都在家庭当中,爸爸妈妈是儿童接触最多的人,因此他们成了儿童的首要模仿对象。爸爸妈妈在日常生活中必须谨言慎行,一举一动、一言一行都要为孩子做好榜样。

(2) 给爷爷的建议:正确运用奖励和惩罚策略。爷爷应多关心孩子,对孩子进行精神奖励,让他感受到爱,而不是一味地在满足其所有物质要求后又因耐心不足而惩罚孩子。如果孩子特别喜爱某一项活动或者喜欢某种东西,那么在其犯错后就可以暂时取消这一项活动或者暂时没收这种东西,这对孩子会起到非常良好的惩罚效果,如规定孩子每天有固定的游戏或玩乐时间,如果他犯了错误,则减扣他的游戏时长。

5. 小事着手,助他掌握交往技能

当班级或集体接纳孩子后,孩子会从中获取更多的快乐。但是,有些孩子并不懂得如何融入班集体,他们认为融入班集体的具体方式就是得到老师与同学的关注,因此为了得到关注就会采取各种手段,而忽略了他们究竟是得到了他人的喜爱,还是遭到了他人的厌恶。面对这样的孩子,老师在对他们进行教育的时候,一定要着重培养他们的社交技能,教育他们如何吸引他人的正向注意。在我的鼓励下,琨琨在六一节的班队课上,向大家展示了自己练了许久的《划船曲》,得到了大家的好评。以此为契机,他更是积极地参加了社会实践活动,还和爸爸一起为自己小组的组员准备了大量活动器材和道具,在活动中他交到了新的朋友。

四、系统干预与跟踪监测

1. 改造计划一：他们为什么不相信我！

正当我以为自己成功地纠正了琨琨的不良习惯，一切在往好的方向发展时，一次课间，走廊里值日的高年级学生突然冲到我面前说："俞老师，你们班琨琨又发疯啦！"

原来，他在课间想要给放在植物角最里排自己的植物浇水，却没有控制好水量，水顺着书包架流到了小赵同学的书包上。他慌乱中，又把放在植物角最外侧的小叶同学的花盆打烂了。周围的同学纷纷站出来说他是故意的。

"没，没，没，哼！"感觉自己被冤枉的琨琨，此时像一只气鼓鼓的气球，什么话都听不进去，两只小拳头不住地在空中乱舞。"打，打，打！"控制不住情绪的他，又开始想用拳头解决问题。

我驱散了看热闹的同学，递给琨琨一张湿纸巾，让他擦擦脸冷静一下。谁知道，他竟然哭着说："我爸爸又要揍我了。"原来他爸爸和他约定好，一旦在学校里闯祸，回家一定逃不过一顿揍。

"俞老师，我真的不是故意的，对不起。"冷静下来的琨琨向我解释说。

"老师觉得你对不起的不是我，好好地向两个同学道歉可以吗？"

"嗯。"琨琨的脸上充满了悔意。

"知错就好，老师向你保证，今天爸爸绝对不会打你。"

我悄悄和琨琨爸爸商量好，一定不能动手打他，要好好地跟他讲道理。虽然琨琨没能够严格约束自己，一时冲动，又通过吵闹打骂的方式将自己的坏情绪完全释放出来。但是在他发完脾气以后，并没有不管不顾，一走了之，而是学会积极承担责任，收拾残局，向同学道歉，同时进行反思，承诺再也不动手打人了。

家庭氛围对于孩子的心理状态具有非常大的影响力，如果孩子的爸爸妈妈都能够很好地把控自我、约束自我，并且在处理亲子关系时，采用民主平等的方式，而不是威胁专制的方式，就能营造出一种宽松平和的家庭氛围,使孩子的心理状态变得健康而稳定。老师需要时时关注孩子的心理状态,用宽容和温暖来抚慰孩子的心灵。

2. 改造计划二:我能自由活动了吗?

第二天,琨琨一早就等在了办公室,看到我就激动地说:"俞老师,告诉你一个秘密,昨天爸爸真的没有打我,还跟我说以后要好好听俞老师的话。"

听到这,我忍不住笑了出来,顺势提出了我的第二步改造计划,让他当我的"小跟班"。一开始只是课后来办公室,看着我做事,什么也不做;后来我让琨琨动手帮我做事,比如抱练习册、发试卷、帮忙数一数作业本的数量、去教室喊同学来订正作业。在一件件小事中,他仿佛找到了自己的乐趣。

接下来的几天,琨琨又问我:"俞老师,我能自由活动了吗?"

我说:"还不行,你还要帮俞老师完成最后一项任务。"我让他做一次小老师,让他去班级里把这些试卷的主人带到办公室里来,给他们讲解试卷上的错题,直到这些同学把卷子上的题目吃透。琨琨受宠若惊,顿时觉得自己身上肩负了了不得的责任,立马跑回教室,将这些同学都喊到了办公室里。在琨琨向这些同学讲解错题的时候,我一直认真聆听,仔细观察,发现琨琨对于错题中涉及的知识点理解得非常清晰透彻,并且讲解时口齿伶俐,思路清晰。如果同学没有听懂,他还可以举一反三,通过间接的方式让同学更好地理解错题。这让我对琨琨刮目相看。

回家后,琨琨告诉爸爸:"我喜欢俞老师,现在我和俞老师关系可好了。天天帮助老师做事,还能和俞老师聊天,有时候老师会被我逗笑,真好。"其实表面上看起来调皮的学生,也有他可爱的一面。现在回想琨琨之前各种出格的举动,他只是想引起大家的注意,想和大家亲近,只是他的方式方法很"特别"。孩子千差万别,有时候我们站在他的立场考虑,也许孩子并不像我们想象中那么糟糕。

3. 改造计划三:终于可以自由活动了!

这样持续了一段时间后,琨琨忍不住了,又找到我询问他课后是否可以恢复自由活动。看着他期待的样子,我故意不说话,沉吟了片刻,跟他说"你可以恢复自由活动了"。他特别兴奋,又喊又叫,蹦蹦跳跳,像是得到了了不得的财富。

就这样,下课后,琨琨再也没有情绪失控,挥过他的拳头。有一天,他跑到办公室里,给我唱了一首歌,并羞涩地递给了我一张卡片,见图2-10。

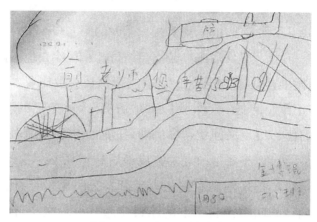

图2-10 琨琨画的卡片

琨琨送给我的这张卡片让我的内心受到了极大的触动。其实,将我与琨琨之间的教育互动进行复盘,我发现我从来没有对琨琨灌输过什么大道理,也没有对他的不良行为进行直接的劝诫和阻止,更没有对他进行教诲。因为琨琨年龄还小,心智发育并不成熟,和他讲太多的道理他也听不明白,并且还会觉得我啰唆,反而产生反感,恐怕还会憋着劲儿与我对着干。对于低年级孩子来讲,深切体会道理的最佳方式并不是听人解释,而是通过行动去亲身体会。

五、个案思考

1. 赏识学生,坚信教育的力量

美国心理学家詹姆斯曾说,人性的深处藏着对他人的赏识的渴望,这是人类的本质。如果把人类的心灵比作一块土地的话,赏识就像是那些肥料,可以让心灵当中的农作物变得更加茂盛,长势更加喜人。而自卑却像是那些杂草与害虫,能够使心灵当中的农作物受到伤害[①]。每个孩子都是不同的,他们之间当然会有着各种各样的差异,在教育过程中,老师需要承认差异,人无完人,每个人都不可能一直成功。人都可能会有犯错的时候,所以老师要允许孩子失败,允许他们犯错,积极鼓励他们,让他们具备重新站起来的信心和勇气。

案例中的琨琨是一个令多数老师头疼的孩子,用各种负向行为"出风头""求关注",几乎没有任何的羞耻感和规则意识,学习不专心。然而即使这样的孩子,作为老师,我们也不能给他贴标签。琨琨其实是一个聪明可爱的小朋友,通过这样的肯定,琨琨对自己有了一定的认可和信心。正是这样积极的正面的心理暗示,抚平了他不安定的心理,这比任何生硬的大道理更为有效。

2. 关爱学生,引发正向行为

每个学生的身上都有自己的闪光点、长处,琨琨也有许多优点。我们每天都要用新眼光来看待自己的学生,不要总是拿昨天的印象来作判断,学生处在飞速的变化中,每一天对他们来说都是一个新的开始,这样我们才能用一种更平和的心态、一种赏识的眼光去对待他们。

琨琨在帮助老师做事中获得自信,又在重拾自由活动的机会后,改正了缺点。

3. 携手家长,家庭配合教育

父母是孩子的启蒙者,而家庭对于孩子来说,应该是温馨的、安全的。但是许多父母并不懂得如何对孩子进行合理的教育,采取的许多教育措施都是错误的。

在本案例中,当琨琨再次情绪失控、乱挥拳头时,老师发现他能克制情绪,并且及时挖掘了他这一闪光点,和家长一起将闪光点放大,对他予以夸奖和认可,从而让他体验到了自信。这就是正向引导。要想让孩子拥有良

---

① 张秀凤. 农村学校班主任转化后进生的实践框架[J]. 新课程(综合版),2009(8).

好的行为习惯，首先就需要让孩子体验到，当他做出良好的行为以后会有怎样的良好感受，这样一来，孩子为了再次获得这种良好的感受，就会自觉做出良好的行为。在教育方法上既不溺爱孩子，也不能过分严格，多关心孩子的生活和学习，经常与孩子交流思想，了解孩子的心理动态，这样才能让孩子健康发展①。

个案 13

家校联手　共促成长

——学生逃避而说谎型＋不合作、反抗型负向
行为的早期识别与系统干预的个案研究

吕迎晓

一、个案选择：负向行为的早期观察与描述记录

（一）我与小梁的正面交锋

小梁是一个四年级学生，大大的眼睛，白白的皮肤，笑起来还有两个酒窝，甚是可爱。令我苦恼的是，他那双大大的眼睛在课堂中总是那么黯淡，眼神涣散，成绩也从原来的七八十分退步到了六十多分。再看看今天早晨英语课代表交上来的名单，我又看到了那个熟悉的名字，"小梁怎么又没交作业！"课间，我冲进教室扫视一圈，看到小梁正在和一帮男生开心地玩游戏，脸上洋溢着快乐。我走到他跟前叫了他一声，他脸上的表情立马僵住了，我压低声音对他说："来办公室。"他耷拉着脑袋随我来到了办公室。

"来看看这份名单，第几次了？"我生气地说道。

"好几次了。"他低着头，声音也很小。

"你也知道呀！为什么不交作业？"

"今天来晚了，忘交了。"

---

① 于水生. 用心解读《正面管教》[J]. 老师博览, 2020(11).

"现在去找出来给我看!"

他扭头就走出办公室,走了还没两分钟,上课铃就响了,我也去另外一个班上课了。一上午过去了,小梁没来找过我,桌子上也没有出现他的作业,我想他大概是把这件事忘了。午饭过后我又从一帮嬉嬉闹闹的小男孩中间把他拉了出来。

"你不是要给我看昨天的回家作业吗?"我质问他。

他不吭声,很不情愿地走到教室后面的书包柜旁,双手缓慢地在书包里翻了一会,掏出了一本折着角的英语作业本。一片字母映入我的眼帘,由于书写不工整,这些字母越发显得难看,我发现他没有订正昨天的默写。

"昨天的默写纸在哪儿?"我问他。

"找不到了。"他低头答道,但听得出他没有丝毫悔意。

我气不打一处来,大声说道:"昨天默写错了那么多还不好好订正,既然弄丢了,那就重默!"

他仍旧低头不语,默默地接过了我递给他的默写纸,把昨天的单词又一个个地默写一遍。我批改过后,火气更大了,一共20个单词和词组,他错了11个!

"放学后到我办公室补背单词,听到了没有?"

他机械地回答:"听到了。"

然而放学后,我没有看到他的身影,他溜了。

(二) 梁妈妈的无奈叹息

在小学阶段,一个孩子的学习好坏与家庭的支持与否有莫大关系,于是我打电话给梁妈妈,交流小梁最近在家、在校的学习情况。

我:梁妈妈,今天我让小梁放学后来办公室补作业,还没看到他,他到家了吗?

梁妈妈:他现在已经到家了,我要不要让他再去你办公室?

我:不用了,我大致说一下他在学校的情况。他在学校已经好几次不按时交回家作业了,每次还得老师去找他要,他要么忘了交,要么忘了写,有时候字迹不工整,偷工减料,作业态度很不认真,导致每次英语默写很差。请问他的回家作业您会检查吗?

梁妈妈:我平时生意上比较忙,但是我每天都会问他作业做完了没有,他说做完了,我就相信他了,没想到他还骗我!有的时候作业太多,很晚了他还没做完,怕影响他第二天上课,他要睡觉,我就答应了,想让他第二天早起或去学校补上。

我:小孩子还是不够自觉,需要家长监督。建议每天的作业您都对照检查,这样他不太能够钻空子。如果实在做不完跟我讲明原因,在学校补也是可以的。

梁妈妈:好的好的。吕老师,你说我家孩子现在英语补什么比较好呀,我在网上给他报了很多班,可是感觉都没啥用。我知道他英语很差,我也特别头疼,不知道该怎么弄。

我:你让他自己在电脑前学习吗?

梁妈妈:对的,但他有时候趁我不注意就在网上看别的,甚至打游戏。哦,他特别爱打游戏,有一次我发现他大半夜还在玩,真是气死我了!

我:家长在家还是要给孩子制定标准,比如做完作业才能玩游戏,而且还要控制游戏时间,不能任由他胡来。

梁妈妈:我也知道,但是现在孩子大了不好管。有时候他作业没做完或做得不好,我让他做,他还跟我犟,跑到阳台的窗户边上,吓得我不敢再逼他了。

我:理解,理解。但是你这样就丢了权威和标准,以后会被他牵着鼻子走。

梁妈妈:那怎么办呀?

我:建议你多与他沟通,尤其是当他开心的时候,感觉妈妈最爱他的时候,给他聊聊生命安全和学习上的事情,他应该能听进去。

梁妈妈:吕老师,我觉得您说得很对,我后面会跟他聊的。

我:还有一件事,我发现小梁在课堂上总是注意力不集中,他在家写作业也是这样的吗?

梁妈妈:对的,他在家做作业也总是一会儿喝水,一会儿上厕所的,很难静下心来学习。

  我：先打断一下,他学习的时候是一个人吗？家长在身边吗？

  梁妈妈：我会陪在他身边,但我生意很忙,电话很多,一去接电话他就开始玩了。

  我：哦,我提醒一下,你经常出去接电话会打扰他学习的,这样的陪伴对他的学习而言是不利的,没有给孩子提供一个安静的学习环境。他其实很聪明,但是学习态度不认真、注意力涣散才是他成绩较差的主要原因,希望家长能配合孩子的学习。

  梁妈妈：谢谢吕老师,今天学到了很多,我会尽力配合他的学习的。

  第二天早操前,我把小梁叫到办公室,他终于补上了落下的作业。他走之后,我开始思考,该如何帮助他改掉不写作业的坏习惯。

二、情况分析

  根据我对小梁的课堂表现和日常生活的观察,他上课注意力很不集中,对老师的提问和默写表现不积极,学习态度和学习成绩都令人担忧。虽然小梁能意识到自己的错误,但是对待老师的管理和教育又表现出沉默、敷衍等不合作、反抗的态度。我意识到如果不及时干预,他的负向行为将会越来越严重。于是我又对小梁、同班同学、家长、班主任和任课老师进行了访谈。在访谈过程中,同学、班主任和任课老师都说小梁的负向行为主要属于个人问题,对班级和同学没有造成不良影响。梁妈妈说,家长疏于管教,小梁沉迷于游戏无法自拔,为了反抗家长的管教还撒谎、离家出走、威胁自杀等。小梁也说在学习上遇到困难会选择逃避,当家长批评、管教过多时会有抵触情绪。

  综上,小梁对待作业的消极、躲避和拖延的态度,以及一定程度的说谎行为,属于逃避而说谎型。同时,老师在对其进行教育的过程中,他总以沉默、部分遵从或不服气的态度进行反抗,这说明小梁的负向行为兼有不合作、反抗型的特征。对于这些负向行为,如果不进行早期识别和系统干预,那么小梁将逐渐成为"问题学生",不仅影响他的学业和自身发展,甚至还会给家庭和社会带来严重后果。

要想转化小梁的负向行为,首先要分析行为产生的原因。

1. 小梁自身的原因

在与小梁的交流中,我发现小梁学习积极性不高,缺乏学习动力。他认为学习就是为了完成家长和老师的任务,没有自己的目标和理想,也没有享受到学习的快乐。小梁的学习成绩在班级属于中等偏下,作业经常拖拉不交,妈妈在家里对小梁的唠叨比较多,这给小梁增加了心理负担,而他又无法抑制玩游戏的冲动,久而久之,在失望中产生了厌学情绪,对家长和老师的教育也存在逆反心理。

2. 家庭的原因

小梁的爸妈经营着一家小公司,平时比较忙,妈妈为了监督他学习,经常坐在孩子身边盯着,但是经常有工作电话打进来,这接二连三的电话铃声和交谈声破坏了孩子安静的学习环境,分散了孩子的注意力。此外,由于工作忙,梁妈妈将平板电脑作为孩子的玩伴,没能正确引导孩子使用平板电脑,致使小梁沉迷于网络游戏无法自拔。小梁无心学业,作业也是能躲就躲、能拖就拖。

家长是孩子的第一任老师,梁妈妈在教育小梁的过程中,不能坚持自己的原则和标准,因为怕影响孩子休息而一味妥协,使小梁抓住了妈妈的弱点,并以此作为逃避作业的借口,梁妈妈渐渐失去了对孩子的管教能力。梁妈妈文化程度不高,辅导不了他的英语学习,她认为多报几个辅导班就可以提升成绩,忽略了对孩子学习态度和学习意愿的培养,导致孩子成绩越来越差。

教育的前提是爱,当孩子与父母之间的爱被削弱,父母对孩子教育的力量也会跟着削弱,孩子不服管教,甚至产生对抗。梁爸爸由于工作原因,很少参与到对小梁的教育中,基本上是梁妈妈一个人负责,使小梁缺乏完整的家庭教育。另外,小梁爸妈工作时间长,亲子互动和交流时间很少,他们不了解孩子的成长状况和内心世界,小梁和他们之间也渐渐产生隔阂,这也是小梁不听话的重要原因。

3. 学校的原因

在教育教学过程中,我认为学生就应该按时、保质、保量地完成作业,小梁没有达到要求就是偷懒、态度不端正,就应该接受老师的指责和惩罚,而且言语越犀利越好,忽略了学生的感受。面对老师的质问和指责,小梁承受不了便会选择沉默、部分遵从等方式进行反抗。

作为一名英语老师,我带两个班级共 94 个学生。每天除了上课,还要批改 94 份回家作业、单词默写和小练习,学生订正后还要复批小练习错题,这些工作占用了大部分时间,导致没时间关心个别学生。此外,小梁上课注意力不集中、不交作业等行为在初期我没有足够重视,也没有采取有效的干预措施,使小梁的这些行为愈演愈烈。

在小梁不交作业的初期,我没有及时向孩子和家长了解原因。等我发现问题的严重性后,我也只是让小梁在办公室补作业,或者用"叫家长""不做完不许回家"等话来吓唬他,忽略了对其不交作业的原因作深入分析,没有制定长期的行为纠正计划,没有持续监督其作业行为,并对其进行奖励或惩罚,也缺乏和家长之间的密切配合。

三、针对性措施与系统干预环境的建构

1. 家校联手,组合出拳

针对小梁逃避作业、说谎以及反抗、不配合的行为,家长和老师必须联手保证教育目标的一致性。我积极与梁妈妈联系,决定从以下几个方面打出组合拳:

一是关心、鼓励小梁。当孩子有一点进步,家长可以抓住机会夸奖孩子并告诉老师,让老师当着全班同学的面表扬他。同样,当老师看到孩子在学校的进步时,也要告诉家长,让孩子感受到大家对他的关爱,他会有动力和信心解决困难的。

二是梁妈妈有望子成龙之心,却无科学的教育方法。我查阅相关书籍并请教同行后,告诉了她一些教育孩子、辅导作业方面的技巧,如真诚平等地与孩子沟通,通过做家务增强孩子的责任感,不要轻易对孩子妥协等,并将一些好的育儿文章发送给梁妈妈,提高她的科学育儿能力。

三是针对小梁的学习习惯,我与梁妈妈制定了一系列短期目标和长期目标,并细化成具体的学习要求,同时我定期与梁妈妈沟通目标执行的效果,帮助家长从瞬间教育行为转变成长期教育行为。

2. 家长:坚定态度,改变习惯

要想改变孩子的作业习惯和作业态度,必须从改变孩子的生活习惯做起。我建议家长在和孩子商量后,制定回家作业时间表,定时定点,形成规矩,形成习惯。如下午4点放学,下午6点开饭,可以做完回家作业再吃饭。和孩子约定,孩子没有把控好作业的速度,家长不用等他,准时开饭。晚上9点前把作业完成,家长一项一项检查,全部过关后再睡觉,若提前完成则奖励20分钟的玩游戏时间,若完不成则改为早上再做作业。家长可以每天早晨5点50分起床叫醒孩子,让他补昨晚的作业。如果小梁能坚持一周、两周、一个月,梁妈妈可以奖励小梁他想要的东西,鼓励他不断坚持良好的作业习惯。

家长特别要注意,为了让孩子适应规则、遵守规则,首先不能为孩子修改规则,要严格遵守作业时间表,并对其进行相应的奖惩,不断强化作业行为。

家长要营造一个好的学习气氛。现在的大人越来越离不开手机,孩子会有疑惑:为什么大人都在玩,我却要做作业,我也想玩游戏。所以,大人玩手机、看电视会给正在做作业的孩子带来很大的干扰,让他们不能专心学习。要想营造良好的学习氛围,家长自然要作出些牺牲。建议梁妈妈在小梁学习时,自己可以在旁边做自己的工作,或者看书读报,让孩子知道妈妈也和他一样在专心做自己的事情。

父母教育孩子最好的方式,就是与孩子谈话。在交谈时,家长要先倾听、理解、接纳孩子的情绪,并真诚地作出反应,而不是敷衍。要真实地表达父母的感受,不能只有训导。此外,家长在教育孩子时要寻找恰当的时机,在孩子情绪良好的时候,通过润物细无声的方式让其接纳父母的观点,还可以共同讨论解决问题的办法。

此外,父亲要深度参与到孩子的生活中,并帮助孩子成长,在人际关系、品格、价值观等方面成为孩子的模范。所以父亲再忙也要抽出时间,多与孩子沟通交流。

3. 老师:作业竞赛,表扬鼓励

实行作业考核,同伴竞赛。每个孩子都有争强好胜的心,利用这种心理特点,我把小梁和另外两个作业"拖拉王"叫到办公室,三个人互相监督,完成作业的同学成为今天的"司令",管理其他没做完作业的同学。我还制定了"作业完成情况记录单",一星期一张统计表,完成的打钩,积1分,完成得好的画五角星,积2分,没完成的打叉,扣1分,补做完的就画一个圈。一个星期下来,选出表现良好的同学,并在全班同学的面前予以口头表扬,同时对最后一名进行惩罚,罚值日一周。

为了让他从内心接受老师的好意,我让小梁暂时接任小组的英语课代表,负责收发本组的作业。在办公室见面的机会多了,我就可以经常关心、鼓励他,慢慢淡化他的反抗意识。

四、针对个案学生的系统干预与跟踪监测

在和梁妈妈沟通好意见之后,我便把小梁和另外两名经常拖拉作业的同学叫到办公室,告诉他们考核作业的项目为课文背诵、小练习和默写,并给他们讲了作业考核的标准和要求。他们对竞赛很感兴趣,纷纷表示自己要按时完成作业,争取当"司令"。

1. 初见成效

良好的开端是成功的一半,第一天作业交上来后,我把他们三个叫来当面批改,一方面给他们一种威慑力,表示老师很重视这个比赛,另一方面有问题可以及时纠正。我先让他们背了昨天的英语小故事,小梁虽然背得磕磕巴巴,但是过关了,于是我在他的表格里打了一个勾,并鼓励他把有些单词的发音再读准些,先读熟再去背。他点点头,脸上露出腼腆害羞的表情。其他两名同学也顺利背了下来,我很欣慰,于是接着检查他们的小练习,期待他们有所进步。

其他两名同学的小练习字迹工整、正确率比较高,我在表格的"练习"栏中打了两颗星。当我看到小梁的小练习时,我有些失望,字迹依然潦草,正确率也很低。我问他昨天有认真做吗,他摇了摇头。我问他原因,他说只想着快点把作业完成。鉴于他没有撒谎,我就没批评他,而是对他说:"虽然你练习做得不好,但是你对老师说了实话,这一点还是比以前有进步的,老师喜欢诚实的孩子,懂了吗?"他没说话,点了点头。我没有在表格里打钩,而是把他错的题讲了一遍,告诉他把错题工工整整地订正好,并且讲明原因才能打钩。等他订正好了之后,我轻轻地拍了一下他的肩膀,用欣赏的眼光对他说:"你很聪明,老师讲一遍你就记住了。下次要是字迹还不工整,错的还是这么多,那我就直接打叉,算你没做。"他"嗯"了一声,暗暗地松了一口气。

接下来要检查默写了,我的要求是先把单词或词组的中文抄在回家作业本上,然后看中文写英文,他们三个都按照要求做了,我满意地在表格上的"默写"栏打了勾。我把表格放到小梁面前,让他算算三个人分别得了几分,他有些不太自信地说:"我得了3分,他们都是4分。"我微笑地看向他,问他愿不愿意把这1分追上来,他重重地点了点头,用期待的眼神看向我,仿佛在等待什么灵丹妙药。我告诉他,如果今天课堂上的默写能全对,我就给他加1分,他面露难色。我鼓励他说:"你昨天晚上不是都默写过一遍了吗?课间复习复习,老师相信你!"说罢,我示意他回教室,他低着头走出了办公室。我想他会放弃这1分,毕竟默写全对没那么容易。第三节课是英语课,我走进教室,扫视一周,看见小梁正趴在桌子上,我以为他身体不舒服,原来他正在复习单词!"原来你在偷偷复习呀!"说罢,我和他相视一笑,这一刻,他在我心里已经拿到了那1分。虽然最后小梁还是错了两个单词,没有拿到那1分,但是我看到了他的进步,也对他更有信心了。

2. 默写风波

后进生作业拖拉的习惯想要彻底改变,不是花一两个月就可以改掉的，还要借助家长的力量，一同督促他。

第一周小梁差2分没有当上"司令"，我鼓励他下周再加把劲儿，希望就在眼前。他虽然有些失望，但还是点了点头。第二周的周三，我批改到小梁的默写时大吃一惊，怎么会错这么多！这次我没有直接找小梁，而是先找梁妈妈了解情况。梁妈妈说："昨天晚上看到他在玩游戏，我就去检查他是不是真的做完作业了，发现他的单词默写都是抄的，便让他把游戏放下，让他背单词和词组去。由于他基础有些差，到晚上10点他还是没背会，便先睡了。第二天早上6点我就叫他起来背了，怎么还是默不好！"梁妈妈说得情绪越来越激动，我问她："小梁起来之后是在背单词吗？"梁妈妈顿了一下，说："应该是吧，我又回屋睡了，不太清楚。"我想小梁早晨起来应该会很困，没有人盯着，他便开始不用功了。于是我再次提醒梁妈妈，孩子现在自控能力比较差，如果没有人陪着他或者监督他，是很容易开小差的，最好陪着孩子，千万不能回去睡觉，要让孩子知道自己不是一个人在努力。梁妈妈有点不好意思，赶忙说："我知道了，谢谢老师。"

习惯不是一朝一夕就能养成的，想要改变就更难了。要想改变孩子的习惯，前提是家长要改变自己的习惯，没有家长的改变就没有家庭环境的改变，孩子改变的可能性也就很小。

3. 背诵风波

为了让小梁更加重视作业，我请他担任他们小组的组长，负责收发作业，组长的背诵则需要到课代表那里过关。一天，课代表向我反映，小梁作为小组长，却没有去她那背课文，我请课代表把小梁叫到办公室。他低着头走进来，我看着他那忽闪忽闪的大眼睛，问他为什么没去背，是忘了去还是没背会，他轻声地回答："没背会。"我追问他："为什么没背会，是单词不认识还是没用功？"他两只手不知所措地放在裤子两侧，又开始不说话了，我仿佛已经知道答案了。我忍住了慢慢升起来的怒火，问他什么时候来我这过关，他说放学前。我语气严厉起来，告诉他放学前过不了关就要留下来，他"嗯"了一声就走了。我心里一阵失落，怕他又恢复到以前的状态，于是我拨通了梁妈妈的电话。

梁妈妈反映,目前小梁做作业比较认真,也能够遵守规定,但还是爱玩游戏,昨天她也检查过了小梁的作业,没问题。我问她背诵的作业是如何检查的,梁妈妈说自己英语也不好,有些单词她自己都不知道,认识的单词发音也不一定准确,所以她从来不检查背诵。我跟她反映了小梁的背诵作业,梁妈妈无奈地说:"那怎么办呀?"我向她支招,家长如果能跟孩子一起用手机软件学英语的话,孩子一定更认真,也能顺便检查他的背诵情况。梁妈妈迟疑了几秒钟,她有点担忧地跟我说:"万一我不在家,孩子拿着手机玩怎么办?"我告诉她能一起学最好,家长没时间就尽量尝试着去听他的背诵,不能直接省略这个环节,让他有机可乘。

过了几天,课代表反映小梁最近背诵比较积极,小梁高兴地说:"我妈妈有时间的话会陪我一起读英语、背英语,我们两个还比赛谁先背出来,结果都是我赢!"看到他脸上有些得意的笑容,我也开心极了。

又过了两周,我又开始听到小梁背诵作业没完成的消息,我猜是梁妈妈又松懈了,于是决定打电话问问情况。电话那头传来梁妈妈虚弱的声音,原来她前几天做了一个小手术,没办法顾及小梁的作业。了解到情况之后,我问小梁:"放学之后你留下来,我们来比赛背诵课文,好不好?这样第二天你就可以不用去课代表那背了。"他有些不太情愿地说:"你是老师,你背得快,我肯定输。"我想了想说:"这样吧,如果你在20分钟内能背出来就算你赢了,行不行?"他犹豫了一会儿,最终答应了。接下来几天放学后,小梁如约来到办公室,虽然他不是每次都赢,但只要他赢了我就给他一颗糖。每次看到他拿到糖时开心的样子,我都很欣慰。

五、个案思考

作业拖拉的学生,不能指望他通过一两个星期甚至一两个月就改掉习惯,改变中肯定会有反复。半个学期下来,虽然小梁偶尔还会有作业拖拉的现象,但他已经不再逃避,在老师和家长的监督下作业完成率可以达到90%以上。通过这段时间与小梁的深入接触,我有了一些思考与经验:

1. 情感是行为转化的基础

父母对孩子的爱是真挚的,父母爱孩子也必然会得到爱的反馈。在家庭教育中,父母往往会因为陪伴时间少、沟通不畅等原因削弱爱的力量,也削弱了对孩子的影响力。小梁的父母因为工作忙不能陪伴小梁,不了解孩子的内心世界,导致孩子不听话,与游戏做伴。在与梁妈妈交流以后,她对儿子的时间投入、情感投入增多了,有效促进了小梁负向行为的转化。

除了家长的情感投入,老师的情感投入也可以促进学生负向行为的转化。在日常教学中,老师会不自觉地呈现出居高临下的姿态,忽略学生学习过程中遇到的问题,这些都不利于其学习积极性的培养。要想转化学习困难生,必须进行情感投入,首先与学生建立融洽的师生关系,使学生"亲其师,信其道",激发他们努力学习、与老师默契配合的动机。我一开始没有站在小梁的角度去考虑作业拖拉的问题,而是对其训斥、惩罚。后来,我主动让小梁做小组长,制造接近他的机会,去了解他的家庭、学习、个性等情况,并经常给予他鼓励,尝试用情感感化他。

2. 坚定的态度是行为转化的关键

在教育孩子的过程中,我们往往会给他们制定很多标准和要求,还会搭配相应的奖惩措施,由此来约束他们,慢慢培养良好的学习习惯和品格。然而在实施过程中,老师常常会因为学生太多、时间不够等,家长会因为心疼孩子、家务太多等,不能严格执行规定。一旦孩子明白这些规定是可以突破的,并且突破之后没有任何惩罚,他们便开始无视这些标准、要求,更可怕的是,如果孩子知道老师和家长的态度不坚定,那么他们在孩子心中的权威感就会丧失。

梁妈妈对小梁的妥协、老师对小梁作业的忽视都是态度不坚定的表现,致使小梁喜欢钻空子。了解到这一点之后,我和梁妈妈达成一致,必须制定要求并严格遵守,作业没完成不能玩游戏,甚至第二天早晨还要起床补作业,在学校作业没完成就得放学留下来完成。

3. 家校联合是行为转化的必然途径

学生许多不良行为的根源都在家庭,因此老师在发现学生的某些问题之后,要及时向家长反映,全面了解并分析问题形成的原因。我们作为教育工作者,具备比较丰富的理论和实践经验,可以有计划、系统性地对学生进行教育,也能给家长一些指导意见,从而更专业地培养和教育孩子。父母和孩子的接触时间最多,情感联结最紧密,能够根据孩子的实际情况作有针对性的教育。家庭和学校在对孩子的教育上各有所长,如能优势互补,形成家校合力,孩子就能得到连贯性的教育,能更好地成长。

梁妈妈虽然对孩子比较了解,但是许多教育方式不恰当,无法矫正孩子的问题。我受过专业的训练,能够通过各种途径获得有效的教育方法。在与梁妈妈沟通与合作后,我们有了一致的目标,家长尝试改变对孩子的教养方式,增进亲子关系,而我努力提高对小梁的教育能力,让小梁的行为有所改善。

个案 14

从自己的"冲动攻击论"怪圈中跳出来

——学生易于冲动型+攻击倾向型负向行为的早期识别与系统干预的个案研究

宋晓云

一、个案选择:负向行为的早期观察与描述记录

1. 主要情况

小周,男,12岁,六年级。在还未正式接触小周前,我已从同事那里得知了小周的"名声"。小周小升初进入我班,在小学里是一个问题学生,上课听讲极不认真,爱插嘴,喜欢去打扰其他同学,学习成绩也较差。小周性格暴躁,常无端辱骂别人,身体攻击同学,甚至出现过殴打老师的极端情

况。由于他的种种表现,无论老师还是同学都对他敬而远之。小周的原生家庭也比较复杂,他来自一个二婚家庭,他父亲之前育有一女。小周的父亲与小周的母亲再婚后,生育了他。尽管小周有一个完整的家庭,但他并未得到父母的精心呵护。从他小时候起,父母关系就比较紧张,经常争吵打架,在他小学时,父母关系破裂。离婚后,小周由母亲一人抚养,小周妈妈是外来媳妇,文化程度不高,只能做临时工,生活比较拮据。生活压力以及对前夫的怨恨,导致小周妈妈对他采取打骂的教育方式,而且不分场合。

2. 主要行为

对小周,我多了一些注意。小周坐在第一排,身高较同龄人矮一些,皮肤黑黑的,衣服虽然干净,但是穿戴不整齐。小周的课桌上杂乱地摆满了各类文具、课本等。升入初中的第一节课,小周听课还算认真,但是爱插嘴的特点已隐隐暴露。初识小周,我对他的印象还算可以,但深入接触之后,他的种种行为着实让人头疼。

(1) 课堂行为表现。英语课上,经常要进行单词、词组或者课文的默写。通常我会在默写之前给学生1~2分钟的准备时间,大部分的学生会把将要默写的内容再巩固一遍并提前拿出默写本。当大家安静地做着准备工作时,小周经常大声地自言自语,如:"完了,完了,这次肯定不及格啦!"或者用手敲打自己的脑袋并大声说:"记不住啊!"当其他同学都打开了默写本开始默写时,他才开始不慌不忙地寻找默写本,并大声说:"怎么又没有了啊!我明明放在里面了啊!"除了大声地自言自语,老师上课时,他还经常插嘴。如果老师批评他,他会无休止地和老师争辩,严重影响正常的课堂教学。此外,小周上课听讲极不认真,经常做小动作,拆修手里的文具或者玩保温杯的水。

(2) 人际交往表现。有一次临上课前,我看到小周满脸愠色地走进教室,我问他怎么了,他的眼睛瞪得老大,斜着眼看向别处。学生告诉我:"他刚才和其他班同学因为一点小事吵架,后来还打起来了。"幸好上课铃声响了,过了一会儿小周回到教室,渐渐冷静下来。小周性格十分冲动、脾气火爆,班里无论男生女生,只要谁说了哪句不如他意的话,他便马上怒吼回去,有时甚至还会打起来。当老师找小周谈话时,他表情夸张地说:"我又怎么了?我没干吗啊!"他丝毫不觉得自己的行为有问题。此外,小周还有许多引起他人反感的小动作。他坐在第一排,当他从前往后走时,喜欢用手去拍打其他同学的头部或者背部,也许他的做法并无恶意,但其他同学都不喜欢他的行为,时不时会有学生因为他的举动来报告老师。小周和同学交往时,不大注意自己的言语。粗话脏话仿佛是他的口头禅,和同学相处时,他时不时会蹦出点脏话。由于小周在班里的种种行为,导致同学们都对他敬而远之,谁都不想坐在小周的旁边。

(3) 其他表现。有一次我进教室准备上课,发现小周座位边上满是撕碎的试卷,课桌被他踢得老远,小周则坐在座位上大叫着:"啊!我妈肯定不让我回家了!我妈要打死我了!"原来是小周数学考试又不及格了。当他拿到数学考卷时,他歇斯底里地将试卷撕得粉碎,并敲打课桌椅,哭喊着。考试结束后他情绪失控的原因主要是害怕遭到妈妈的打骂。他希望自己能够考出好成绩,但却从不为此付出努力。比如在讲解考卷时,他非但不认真听讲,反而做些与上课无关的事情。老师希望他上课认真听讲,回家作业认真完成,但小周却说:"我太笨了!我学不会!卷子太难了啊!"

二、个案学生负向行为的早期识别与原因分析

当别人无意识地碰到了小周或者提及跟他有关的话题,他便会认为别人意图侵犯他,并马上还以语言上或者肢体上的攻击。小周性格暴躁,不能很好地控制自己的情绪。当他不开心的时候,会不分场合地大喊大叫并踢打班内的课桌椅。他的种种行为不是短时间内就形成的,一定有着更深层次的原因,于是我决定带着这些问题好好找一找原因。

1. 早期识别

小周性格冲动,难以控制自己的情绪,会因为一些小事歇斯底里地大喊大叫。课堂上经常插话,干扰课堂秩序。当老师批评他时,他会气呼呼地瞪着老师。查阅诸多文献资料,我发现这是很明显的易于冲动型、攻击

倾向型行为,还伴有不合作、反抗型行为。冲动行为是情绪焦虑的表现,是儿童乃至部分成年人身上常见的一种社会行为,也是个体社会性发展中可能出现的一种行为倾向。冲动行为在学校生活中最直观的表现就是遇事不冷静,只要情绪出现一点波动,就完全不加以克制,不分场合、不分情况地肆意发泄。由于年龄特点,初中生经常会产生冲动行为,如沉迷网络、打架斗殴、考试作弊乃至发生违法乱纪行为。小周经常因为一点小事和同学打架,也会因为学业上受到挫折而乱丢乱砸东西。他每一次的冲动行为,不仅使他深受打击,更给周围的同学带来极大的负面影响。此外,小周经常会因为各种原因攻击同学,有时是语言上的攻击,如威吓、辱骂等,有时是肢体上的攻击,如打架。小周具有很强的逆反心理,经常不遵守课堂纪律,打扰正常的上课秩序,同时他总是不能按时完成老师布置的各项任务并且喜欢和老师对着干。他通过这些方式来反抗老师的权威。

2. 原因分析

小周脾气暴躁、易怒,不能很好地控制情绪,曾有过激性语言。但他并不觉得自己的行为有任何异常,当老师向他了解情况时,他总是会说:"我又怎么了啊?!"通过家访和各种回访,小周之所以形成易于冲动和反抗型的行为,主要源于这几个因素:

(1)破裂家庭对孩子的影响。小周来自一个二婚家庭。尽管当时小周家庭完整,但他生活得并不幸福。他小时候,父母关系就比较紧张,只要意见不合,就会吵闹打架,严重时甚至闹到派出所。后来在他小学时,父母关系破裂,离婚后,他由妈妈抚养。妈妈对爸爸的怨恨很深,经常向小周表达对他爸爸的不满,甚至会和小周说"你爸爸根本就不爱你,你爸爸抛弃你了"等严重伤害孩子身心健康的话。在小周妈妈潜移默化的引导下,小周对自己的爸爸也充满了怨恨。父母的离异让小周的心灵也因此受到很大的伤害。

(2)家长不良习惯的影响。和小周妈妈接触后,我发现小周易怒、难以控制自己情绪简直和他妈妈一样。让我印象最深刻的是,小周因为长时间不认真完成作业及扰乱课堂秩序,我约他妈妈面谈一次。结果我刚把小周在校的情况反馈给他妈妈,她竟说:"这个孩子我管不了了,我不想要他了!"小周妈妈居然能说出这样的话,令人咋舌。还有一次,小周站立在学校的双杠上,动作很危险,班主任向家长说了情况后,小周妈妈的反应很冷淡。可想而知,她对小周产生了相当恶劣的影响。

还有一次,因为小周在校表现不良,小周妈妈再一次被要求来学校。她无法压住心中的怒火,她不管教室里是否有老师在上课,直接推开门,冲进课堂,怒气冲冲地把小周喊了出去。结果她和小周站在教室外面就吵了起来,声音很响,完全不顾及他人。孩子深受家长言行举止的影响,久而久之,导致小周身上坏习惯不断。

(3) 家长教育孩子的方式不当。小周的妈妈是导入人口,和上海本地人结婚后才留在了上海。她文化程度不高,只会用简单粗暴的方式教育孩子。有一次,小周和班里同学打架,班主任和小周妈妈沟通情况后,她居然发了一张小周鼻青脸肿的照片给班主任,告诉班主任自己已经"教育"过他了。诸如此类的事情还有许多,小周妈妈通常以暴力的方式处理小周。据小周本人讲述,由于他在学校表现不良,妈妈还曾经把他的头往树上撞。小周妈妈丝毫没有意识到,孩子如今的言行就是她平时教育所埋下的祸根。有时在安静的课堂上,明明没有人惹到小周,他也会突然大叫一声,或是发出猛烈的声响,把周围人吓一跳,自己却完全不自知。同时攻击行为在小周身上表现得很明显,如经过别人时拍打别人的头背或心情不佳时举起椅子要砸。小周的攻击行为给他未来的发展埋下了隐患,而他的语言攻击和身体攻击行为,主要是由于家长教育方法不当造成的。

(4) 缺乏亲子间的有效沟通。小周父母离异后,小周由他妈妈一人抚养。她目前只能做临时工,工作很不稳定。由于小周妈妈就业层次低,工作环境差,耗费精力大,对于小周的教养就非常不利,她的主要精力用在维持她和小周两人的生计上。由于承受着巨大的生活压力,又加上文化程度低,当小周一犯错误,她便对小周又打又骂。他们之间似乎无法心平气和地坐下来谈话,缺乏有效的交流沟通。小周妈妈不了解小周的成长状况和内心世界,小周和他妈妈也渐渐产生隔阂。良好的沟通是有效管教的重要前提。若双方只站在自己的角度看待问题,不换位思考,将无法进行良好沟通,只会使冲突升级。

三、个案学生的针对性矫正与系统干预措施及环境建构

1. 建立良好的亲子关系

良好的亲子关系能帮助孩子身心健康发展。有一次,我上午自习前,小周妈妈来到教室给小周送来一瓶酸奶,并语气和蔼地和小周说:"酸奶别忘了喝,表现好点啊。"我特意观察了小周的神情,他的喜悦之情溢于言表。据我所知,那段时间,小周妈妈几乎每天中午都会来给他送酸奶。这让小周感受到了妈妈对自己的关心,所以小周那几天心情都很不错。与此同时,他在校表现也有了进步。小周妈妈无疑是爱小周的,但是她却没能用正确的方式表达。家长需要在日常生活中满足、理解、尊重孩子的情感需要,给予孩子最基本的爱。当孩子感受到了爱,才能去爱他人他物。所以在和小周妈妈的交流中,我将这件事告诉了她并建议她在教育孩子时,不要一味地采取打骂的方式。就学习方面,如果小周的学业稍有问题,怒骂痛打的极端教育方式会使孩子更加叛逆,使得他变得更加冷漠,从心里厌恶、痛恨学习。所以,在教育小周时,要控制情绪,多一点耐心。良好的亲子关系可以让家长和孩子进行有效的沟通,从而产生事半功倍的效果。

2. 建立平等的师生关系

老师批评小周时,他会气呼呼地瞪着老师,有时会和老师产生激烈的争吵,在小学时,甚至出现过打老师的情况。小周不遵守课堂纪律、扰乱正常教学秩序、无法按时完成老师布置的任务,很容易引起老师的反感。几乎所有的老师对小周只有批评没有表扬,他就开始反抗了。他会宣泄情绪,并向权威者发起挑战。此外,小周由于经常被老师批评,导致其他同学不愿意和他交往,使他处于边缘状态。为了博取他人的关注,他就制造混乱或干扰老师上课。小周逆反心理很强,经常不遵守课堂纪律,喜欢和老师对着干。作为老师,我们要去了解小周这些行为背后更深层次的原因,

而不是一味地苛责他。小周由于学习成绩较落后,使得他产生较为严重的自卑心理,但事实上,他极渴望受到老师和家人的重视。作为老师,我们应该建立平等的师生关系,降低小周反抗行为发生的概率。

此外,我们应当给予小周更多的关心和耐心。他的自尊心、自我效能、自我概念水平较低,聪慧性和自律性低于普通学生。我们应该给予他更多的鼓励,当他取得成绩时,给予他表扬,帮助他树立信心。小周的学习能力较差,家长也无法在学习上给予他指导。所以,为了帮助小周在学业上更进一步,老师应该利用课余时间对小周进行单独辅导,帮助他克服学习上的困难,扫清学习上的障碍,帮他缩小和班级同学的差距。

3. 指导情绪控制策略

要让小周学会管理自己的情绪,首先就是要让他清醒地意识到情绪失控了。例如当他心情不好掀翻桌椅时,就是一种情绪失控的表现。小周对于老师的大道理不屑一顾,要让他接受老师的观点,必须先让他看到事实。

如让小周认识情绪失控的危害性,在网上搜一些真实的案例给他看。让小周认识到周围同学对他的宽容。小周发脾气把课桌踢翻时,同学非但不恼怒,反而会帮助小周把他的课桌扶起来,把东西整理好。让小周感受到当自己情绪失控时,周围同学能对他宽容以待,教会小周情绪控制的策略。首先要让他明白情绪失控会造成的严重后果,再帮他冷静下来分析问题,制定最合理的解决方案。对孩子来说,需要老师和家长帮助他逐步形成这样的思维习惯,所以教会孩子控制情绪是至关重要的。情绪控制是需要习得的,家长应该帮助孩子建立稳定的情绪,学会适应周围的环境并与之相融合。

4. 给予人际交往的指导

孩子的行为,多半都是模仿家长而来的。如果家长用暴力的方式对待别人或孩子,孩子自然而然会认为解决问题就要依靠暴力。家庭是青少年成长路上的第一所学校,青少年的健康成长有赖于家庭正确的引导。抑制学生的暴力行为有赖于各方面的配合,家庭和学校应该发挥教育的主导作用。为此,我给了他三点建议:

一是注意言语上的技巧。小周在与同学交往时经常脏话不离口,他本人却不以为意。这种行为在无形中破坏了他在同学心目中的形象,让同学对他避之不及,从而埋下了他与同学间矛盾的隐患。所以,小周首先要改掉喜欢说粗话的坏习惯。设身处地地想想,如果别人也经常用污言秽语侮辱他,他会作何感受。

二是学会考虑他人感受。小周发脾气时,完全不顾周围同学的感受。在与同学出现矛盾时,从来不会站在别人的角度考虑问题。所以,在与人相处时,他要学会考虑他人的感受,如果任性而为,不注意自己的言行,只会让同学越来越远离他。

三是学会解决问题的方法。小周经常以暴力行为来解决问题,但事实上,暴力是最糟糕的一种方式。

四、针对个案学生的系统干预与跟踪监测

一次,小周和班里的一个女孩子大打出手,好几个同学一起才把他们拉开。原来小周在课间与同学追逐打闹的时候撞翻了女同学的桌子,他不仅没有道歉,反而还骂了一句脏话。碰巧那个女生也是一个脾气暴躁不愿意吃亏的人,于是不甘示弱地回骂了小周。这一骂,引发"大战",双方谁都不肯吃亏,骂战升级为肢体冲突。

在打架事件上,双方都有一定的责任,但主要责任在小周。发生问题时,他不从自身寻找原因,却把责任推卸到其他人身上。

我告诉小周要学会控制情绪,先冷静下来想一想,分析问题,然后再采取比较合适的方法。多学会换位思考,假如他是这个女生,当别人撞翻了他的桌椅,非但不跟他道歉,反而还骂他,他能接受吗?小周的沉默告诉了我答案。

在和小周交流过后的几天里,他能与同学和平相处。虽然我的干预取得了一定的效果,但是效果很有限。

小周遇到问题首先想到的除了攻击还是攻击,不能采取正确的处理方式,因此我要经常给予他一些情绪管理上的策略,让他管理好自己的情绪,能够冷静下来分析问题,采取正确的处理方式,从自己的"攻击论"怪圈中跳出来。

五、个案思考

从小周身上,我深感原生家庭对一个人的影响深远。小周妈妈身上的生活压力、负面情绪,不断影响着孩子。孩子的教育离不开社会、学校和家庭三方的共同努力。由于孩子大量时间都在家庭中,所以家庭教育对孩子的成长起着至关重要的作用。在学校,我们采取的针对性矫正与系统干预措施只是一方面,学校教育还应得到家庭教育的配合,才能取得一定的效果。

但作为老师,我们又该如何改变家庭教育模式呢?事实上,我们能做的也十分有限。尽管如此,在遇到类似小周这样的学生时,我们仍应该尽我们的责任去对他的负向行为加以矫正与干预,尽我们最大的努力让学校教育对孩子产生正面影响。

除此之外,对学生负向行为的系统矫正和干预,需要老师有一定的知识储备,所以学校也应该促使每位老师不断学习,如可以定期开设家庭教育指导讲座,帮助类似于小周这样的孩子有所改变。

个案 15

自我救赎　因势利导

——学生攻击倾向型+易于冲动型负向行为的
早期识别与系统干预个案研究

张百惠

一、个案选择:负向行为的早期观察与描述记录

1. 主要情况

小李,女,12岁,六年级。暑假期间我想要找她家访,家长以没空为由拒绝了我,至今还未家访。但通过电话了解到,小李父母是外地的,在沪做

早餐生意,起早贪黑,无暇顾及孩子。小李在家也是"小霸王",爱玩手机,脾气坏,在家中不尊重家长,与家长顶撞。家长数次表达了对孩子的无奈之情,希望老师多多严格管教。问题主要有以下几个方面:

思想方面,过分关注自己的感受和利益,喜欢玩耍,性格固执,鄙视老师和同学,只听得进表扬,不接受批评,还伴有逆反心理,抵触正确的管教。脾气暴躁,易怒。学习方面,缺乏学习目标,对学习失去兴趣,失去信心,极其被动。纪律方面,自由散漫,上学经常迟到,上课有多动的毛病,听讲极不认真,爱讲话,喜欢去打扰其他同学,无端辱骂别人,对自己的错误行为不自知,屡教不改。

2. 主要行为

(1) 小李被批评后若无其事。我担任班主任之初,大部分学生在第一个月比较收敛。这个女生,波波头,刘海长得几乎盖住了眼睛,不论是上课还是平时她都爱讲话,唧唧喳喳,提醒她后她就会用带有敌意的眼神看着我。在军训时,我发现她不仅不怕我,连严厉的教官也不放在眼里,她被批评后竟然一副无所谓的样子,教官让她一个人站出来,没多久她竟然坐在了操场上。

当我们遇到一个行为不良的孩子时,不要奢望通过几次谈话或思想工作就能有所改观,我们要给他足够的时间。因此,我从未对她在短时间内的反复犯错失去耐心。我让她找出原因,让她感觉到老师没有放弃她,一直都会关注她的成长和变化,也会一直支持和相信她。

(2) 出言不逊,小李被排斥。本以为军训过后她会安分一点,可谁知没过几天,她就跟班上同学闹矛盾了,惹哭了两个男孩子,原因是她翻看了A同学的日记本,并且把其中的一些内容透露给其他同学。日记中A同学说他不喜欢班级里的B同学,经过小李的"宣扬",B同学伤心得大哭起来,班里乱作一团。一切都是因为小李不尊重他人隐私造成的,她丝毫没有意识到自己的错误。我质问她怎么可以冒犯别人的隐私时,她竟然说:"谁让他把日记拿到学校的?"她的话让我震惊,怎么会有这样不明事理的孩子?

在一次跳踢比赛当中,跳踢队伍竭尽全力为班级争取荣誉,有一名参赛同学因为是替补的,练习较少,导致在比赛过程中多次失误,旁边观赛的同学都在鼓励他,而小李却对这名同学发泄不满,大声吼道:"就是你,总是你失误,会不会跳啊!"这深深地刺激到了这名同学,导致他在比赛的过程中委屈地哭了。

这个毫无行为规范意识的学生让我瞠目结舌。

二、个案学生负向行为的早期识别与原因分析

小李在班级里不受欢迎,大家都尽可能避免与她接触,但即使没有人去激怒她,她也能搞出许多事情来。这个孩子一定经历了一些事情,有待我去慢慢挖掘和发现。

1. 早期识别

根据《长处和困难问卷》及《攻击性量表》结果显示,小李的困难总分为19分,得分处于异常水平。她具有攻击倾向型、易于冲动型及不合作、反抗型等多种负向行为。特别是小李品行问题分值为6分(最高分为10分),说明小李在品行方面存在较大问题。老师和家长对此需要引起重视,并对这些问题进行干预。

经过访谈了解到,小李对自己其实有着一些清晰的认识,她告诉我她常常因为一点小事受到刺激而发怒、暴躁。遇到困难时,她愿意与人交流,但容易暴躁,处理问题的方式比较消极;当家长或老师批评教育她时,她对他们有敌意,不配合,甚至用语言或身体反抗;她与人发生矛盾时,无论男女,她经常使用言语或肢体攻击,具有明显的攻击倾向;但她也曾因为自己的行为而默默哭泣,加上与父母关系紧张、从小学升到初中等原因,每天都不太开心。

我也一直比较关注小李的在校表现,经过观察,不管是在课上还是课下,小李经常在语言和行为上主动攻击别人。她的攻击行为主要有:别人没有招惹她,她却不能控制自己,不顾别人的感受,说出伤人的话;当

别人有一些她看不惯的行为时,她就会用负面的、消极的语言攻击对方;此外,她冲动鲁莽的性格导致她与同学发生冲突时习惯身体攻击或破坏公物。小李的攻击性总分为 48 分,分值比较高,其行为属于典型的攻击行为。

2. 主要原因分析

(1) 缺乏亲子间的有效沟通。在某个周末,我接到了小李家长的电话,一接到电话,就听到电话那头小李爸爸慌张急促的声音:"张老师啊,这可咋整啊,现在都十二点了,娃还没有起床,还在玩手机,下午补习时间快到了。我们说话她也不听,还跟我们顶嘴,你跟她说说吧!"当小李爸爸跟我说话时,电话里还传来小李大声反驳的声音。小李不情愿地接过电话,我跟她心平气和地说道:"小李,为什么不想去补习班呢?"她说去那儿学不到什么,父母只是觉得把她放在那儿省心。我恍然大悟,原来家长根本不了解孩子心中真实的想法,只是让孩子强行接受他们觉得对的事情。因此,家长需要掌握一定的技巧和方法。如果只站在自己的立场上看待问题,那么矛盾只会愈演愈烈。小李就是这样,家长不问,她也不去表达,造成误会,导致矛盾出现。

(2) 父母平时疏于管理。从与小李的几次谈心及与其父母的谈话中我了解到,小李父母均为外地来沪打工人员,每天起早做早餐生意,从早忙到晚,照顾孩子的时间很少。小李每天都是自己定闹钟起床来学校的,所以迟到现象时有发生。父母均没什么文化,也不知道怎么去管孩子。小李从小缺乏陪伴,与父母的关系也就疏远了。我认为家长需要起到表率作用,用自身的行为举止传递与人为善、有时间观念等意识。平时再忙也要与孩子谈心,培养良好的亲子关系,这样才能让孩子健康成长。当孩子遇到难题时,家长要积极鼓励并与孩子共同探索,寻找有效的解决途径,逐渐培养孩子解决问题的能力。

此外,儿童的行为习惯也受社区环境的影响,好的社区环境更有利于好的行为习惯的培养。小李从小跟着父母从老家来到上海,辗转几个区,所在社区环境不佳,身边亲戚朋友也少,家长忙于生计也没有给她一个欢乐的童年,所以她性格上出现问题也是有迹可循的。

从小学升入初中以来,小李感到对新老师和新同学很不适应。如果是她不喜欢的老师在上课,她就会调皮捣蛋,影响课堂秩序。原来的同学逐渐不喜欢她,新的朋友她也交不到,导致她的情绪更加糟糕。

三、个案学生的针对性矫正与系统干预措施及环境建构

1. 在平时生活中注重对孩子的教育

(1) 培养孩子良好的习惯。天下的父母都期望自己的孩子聪慧、强健、性格开朗、诚实刚毅,长大成为对国家有用的人。然而,一个孩子成功与否不仅取决于他的才能,更取决于对他的教育。每个孩子都是一个个体,哪怕没有优越的出身,如果父母后天加强对他的教育,那么还是能填补弱项的。人的性格和个性不是一天两天就形成的,家长和老师要从小注重培养孩子的人品,孩子成绩可以不好,但人品、性格一旦出现了问题,就会导致严重的问题。家长和老师要关注孩子,当孩子不懂事、做错事时,不要放任不管,否则不利于他们的健康成长。

(2) 老师与父母保持信息互通,常联络,告诉父母在教育孩子时,注意自己的一言一行,不要觉得孩子小、不懂事,其实孩子什么都懂,父母在孩子面前该做的不该做的一定要把握好,鼓励孩子在日常生活中加强自我修养;告诉父母成绩不是唯一的重点,更需要发现孩子的不足,找到问题的原因和解决办法。孩子犯错,不能只一味惩罚他,而是要启发他的意识,让他真正认识到自己的错误,反思自己,分辨善恶、美丑,在反思中进步。

(3) 家长与老师要从孩子的角度出发,帮他分析利弊,让他感觉到大人是真的想帮助他。有一次小李与男同学打架,我跟她说:"你是女生,要学会保护自己,不管是否有错,尽量不要与男生发生肢体接触,男生力气比你大,你肯定会受伤,受伤了老师会心疼。以后不要用暴力解决问题,好吗?"听到这话,她就愿意接受我的劝导。

2. 让孩子学会关爱他人

关爱他人、时刻为他人着想是一种良好的品德，心中有他人的孩子更容易建立良好的伙伴关系，这有助于儿童的社会性发展，对于现今的独生子女尤为重要。现在大部分孩子都是家中独子，父母宠爱，爷爷奶奶溺爱，给予他们丰富的物质，却很少教他们分享。小李之所以对老师、家长、同学没有礼貌，我认为根源在于缺乏父母的关爱。

每当小李与其他同学有矛盾时，我都会让她先反思自己，为什么越来越多的同学疏远她。她能找到自己的错误时，我就跟她说："你想让同学们喜欢你不难，关爱他人，他人才会关爱你。首先，注意你的言辞，舒服的话像春天里的微风，让人心情愉悦；尖锐刻薄的话就如一把锋利的匕首，让听者留下伤痕。说者无心听者有意，说话之前要三思，要有善意。其次，你要学会尊重他人，你跟老师说饿了，老师很开心你可以主动来找我，但当老师把饼干给你之后，你却直接转头一走了之。如果换作是你，你心里是什么感受？你应该不会喜欢这样的人吧。听说你在家里对父母也恶语相向，不尊重父母，父母努力工作、无私奉献，为你提供了良好的条件。你对他们尊重，整个家庭才会有爱。一句谢谢、一个微笑就能解决很多问题。还有，要学会为他人考虑，不能太自私。"小李把头垂得低低的，也认识到了错误，最后她说以后希望与同学友好相处，让同学重新喜欢她。我知道一两次谈话可能不会起大作用，但是只要坚持，孩子总会成长的。

3. 培养规则意识

没有规矩不成方圆，其实，对于那些自觉遵守规则的人来说，规则就是不存在的，反而是那些不遵守规则的人才会处处碰壁。学生因为破坏规则而受到相应的处罚，是十分必要的。惩罚很简单，但惩罚过后老师、家长要怎么做，才是关键。这并不是说要抓着学生的错误不放，而是要给予学生改正错误的机会，渐渐消除不良影响。当学生的精力花在积极表现上时，他就会约束自己的行为。小李故意破坏公物，我处罚她为班级劳动两周，两周后让同学为她评分,若不满意继续劳动。效果很好,两周内她非常安分,一点怨言也没有,像是变了一个人。还有一次,她报名了学校夏令营,但到开始那天她并没有来,也没有请假。后来我取消了她的夏令营资格。这说明她并不把规则当回事,比较随意,缺乏规则意识。

四、针对个案学生的系统干预与跟踪监测

某天第四节课下课,我还没来得及去吃午饭,一名同学冲进办公室说:"老师,小李与小付打起来啦!"我心里还在犯嘀咕,上节应该是数学课,怎么刚下课他们就闹得不可开交。我到教室时他们已经被拉开了,两个人都有被抓伤的痕迹,细问才知道原来是小李饿了,找小付要吃的,小付不给,小李就骂小付,两人就吵了起来。小李哭着说:"老师,我知道我打不过他,但我咽不下这口气。"

小李的攻击性显然有点强,不管是言语上还是肢体上,而且她还觉得理所当然,并没有认识到自己的错误,遇到问题只会发泄。小李最大的问题在于无法控制好自己的情绪。我告诉她,遇到事情一定要冷静下来,找到情绪失控的前因后果,渐渐使自己不那么情绪化。

五、个案思考

爱心是转变负向行为学生的前提,对待负向行为的学生,教育工作者不能仅仅鼓励、指导他们,还需要具体问题具体分析,为负向行为学生量身制定教育方案。有些学生有着多种负向行为,小李就有攻击倾向型、易于冲动型及不合作、反抗型等多种负向行为。对于这个棘手的学生,我们应该深入了解她的家庭环境、社区环境等,深入分析她产生负向行为的主要原因;要经常利用业余时间和她促膝谈心;还要与家长保持密切联系,给予他们相应的教育指导,一同纠正孩子的不良行为。当孩子的负向行为有减少趋势时,要充分激励她,多多发挥她的主观能动性,调动身边的同学一起肯定她,让她知道什么样的行为是大家肯定的。只有当她重获自信了,负向行为自然就会慢慢减少。

个案 16

情绪管理　正向鼓励
——学生攻击倾向型＋易于冲动型负向行为的早期识别与系统干预的个案研究

万　雪

一、个案选择：负向行为的早期观察与描述记录

1. 主要情况

ZR，男，来自单亲家庭。父母在 ZR 四年级时离婚。ZR 的爸爸在和他妈妈结婚之前已经有过一个家庭，育有一女。经 ZR 同学描述，父母在他小时候关系就比较恶劣，时常吵架打架。ZR 小学时父母离婚了。据 ZR 妈妈说，ZR 认为爸爸不爱他，离婚后不给生活费，因此他也很恨爸爸。ZR 妈妈的经济状况不好，生活拮据，压力很大，一个人带孩子，因此对待 ZR 只会采取打骂的极端方式。

2. 主要行为

六年级开学第二周的一个中午，我正在办公室批改学生前一天的数学作业，忽然班长跑来让我赶紧去一趟教室，说 ZR 在大吵大闹。我立即赶了过去，发现他在摔碗和筷子，我上前制止他，他不仅没有停止，还威胁我说："你们都别过来，我要跳楼！"并且做出想要爬窗的动作。我赶忙让几个男生拉住他，把他带到办公室。我单独询问 ZR 发怒的原因。原来，刚才有个女生不小心撞到了他的桌子，没有向他道歉，于是就有了那一幕。经同学们描述，ZR 心情不好的时候除了摔碗，还会用手砸黑板或者用脚很用力地踢门，黑板上还有好几个坑。

无独有偶，没过两天，在一堂英语课上，ZR 英语默写得了 0 分，他又做出了一些失控的行为，例如敲桌子、号啕大哭、撕试卷、大喊大叫、掀翻桌椅。老师和同学回应他之后，他喊叫得更加大声，试图用声音盖过对方。

关于他的这些情况,我与 ZR 妈妈交流后,或者叫他妈妈来学校协助处理后,ZR 就会被妈妈打一顿,而他的问题并未得到改善。

由于 ZR 长期影响课堂纪律,导致同学们都不愿意坐在他旁边,经常会有同学或者家长来找我,希望我能给他们换座位。

一次他在课上向同学借橡皮,没有借到,便开始喊叫、拍桌子,并且用脏话辱骂同学。我只能先安抚他的情绪,等他稍微冷静下来后再让他到办公室去。ZR 昂着头,一副天不怕地不怕的表情,攥紧拳头,眼神恶狠狠的,一副要打人的架势。在我的耐心劝说下,他终于恢复了平静。但是开学三个月以来,他已经陆续和多名同学发生摩擦、甚至打架,这让我和其他任课老师都很头疼。

大部分课上,ZR 都不在认真听讲,所以学习成绩落后。在一次数学考试的时候,我观察过他,他一开始用保温杯倒水玩,玩腻了就玩劳技课的材料。后来由于题目他都不会做,就不停挠头并叫着"这么难,不会做"。我让他安静考试,他不予理睬,最后试卷也没交。

二、个案学生负向行为的早期识别与原因分析

1. 早期识别

ZR 性格暴躁,很容易冲动,经常在语言和肢体上主动攻击别人。经过一个多学期对他的深入了解,我认为他有攻击倾向型和易于冲动型负向行为。他的攻击性总分为 46 分,已经具有攻击行为。他会用言语挖苦讽刺同学,或用武力去攻击对方。

2. 原因分析

经过一学年的班级管理,我发现 ZR 遇事永远从别人身上找原因,当同学一旦提出他的问题时,他就会直接在课堂上大声咆哮,以此吓唬同学。通过家访和请家长来学校交流,我认为 ZR 之所以会形成这样的负向行为,不外乎下面几点原因:

(1) 缺乏亲子间的有效沟通。在去 ZR 家之前,我已经从班上同学口中得知,他小学的时候就控制不住自己的情绪,甚至打过老师。班主任拿他没办法,只能一直让他坐在最后一排。ZR 家住在离学校不远的一个小区。他

的妈妈和爸爸是二婚,妈妈是新上海人。从他小学开始,父母关系就不太好,在家里时常争执吵闹,严重的甚至闹到派出所。这样的家庭环境,对ZR的成长造成了很恶劣的负面影响。父母离婚后,ZR判给妈妈抚养,妈妈没有正式工作,还要管教儿子,生活压力很大。每当ZR在学校犯错后,妈妈就会把他暴打一顿,还会很大声地骂他。ZR也很冲动易怒,控制不住自己的情绪。

(2)家庭教养方式粗暴。从这些琐碎的事情中,我察觉出了一些蛛丝马迹。首先让我感触颇深的是孩子的攻击行为,绝对是受了家庭的影响。例如,ZR妈妈处理孩子的不当行为时,基本都是把他揍一顿,还经常当着老师和同学的面对ZR进行言语攻击。她丝毫没有意识到,孩子如今的行为是受了她的影响。一些儿童教育专家认为,青少年的攻击行为一般有两类:一类是言语攻击,动不动就对身边同学恶语相向,或突然猛叫一声吓唬同学,而他自己却若无其事;一类是行为层面,有时是动手动脚没轻没重,甚至用工具打伤人,例如ZR搬起椅子想砸人,就有极大的危害性。显而易见,ZR从小接受了不良的教养方式,这些行为的产生,基本上是家庭教养不当造成的。

有教育学者提出,除亲子关系外,邻里关系、社区品质等对儿童发展有重要影响。一个优质的社区可以为儿童提供广泛的活动空间,促进他们身心健康。社区是孩子成长和生活的固定场所,如果社区能营造一个开放的教育平台,让孩子无拘无束地玩耍、学习,这对于他们以后的学习和生活都是有益的。"儿童的思想意识、文化素质、行为习惯、思想习惯、心理素质等无不被打上社区的烙印。儿童作为一个时刻处于成长发展的群体,他们在不同的年龄阶段会对所处的环境表现出不同的需求,因此了解儿童的心理发展,尊重儿童的成长需求,不仅可以更好地帮助儿童成长……目前城市儿童面临着一系列的问题:环境问题、社区中人与人之间缺乏信任,尤其缺少那种比较至纯的感情。"①

---

① 陈玲玲,张秀华. 原生家庭对幼儿的影响[J]. 2020教育信息化与教育技术创新学术研讨会年会论文集(一),2020.

ZR所在的社区是一个比较老旧的小区,里面居住的部分是本地人,部分是早些年来这里打工赚钱的外地人,人员构成比较复杂。这个小区几乎没有游乐设施,孩子之间无法通过一起玩耍来增进情感交流,家长之间也少有机会讨论孩子的教育、学习情况。由于自身原因,几乎没有同学愿意和ZR玩。ZR经常以骂人和打架为乐,一言不合张口就骂、伸手就打,家长并不觉得这种行为不妥,久而久之,ZR并不觉得骂人、拍打同学的头、踢桌椅有何不妥,并且习以为常,甚至以此为乐。

三、个案学生的针对性矫正与系统干预措施及环境建构

1. 给予ZR心理上的关爱

首先,我建议父母给孩子一些基本的照顾。我建议她在孩子行为不当或者情绪即将失控时多点耐心,而不是一味地打骂他。

其次,老师给予ZR事无巨细的关心。有一次,ZR英语考试考得不好,心情很糟糕,把卷子撕碎了扔得满地都是,还在敲桌子大声喊叫。我来到他面前,他以为我要训斥他或者把他拖走,情绪更加激动,大声喊着:"我又怎么了?我没怎么呀!"我先拍了拍他的肩膀,让他冷静下来,让一个同学把他周围的纸片打扫干净。等他慢慢冷静下来后,我把他带到教室外面,询问了他为什么发脾气以及如何控制自己。经过多次这样的交流与安抚,他的情况有所改善。

再次,家长应该注意培养他的爱心。如果家长和老师能培养他爱护弱小的品德,可有效防止暴力倾向的形成。

2. 教会ZR必要的情绪控制策略

我们要让ZR学会管理自己的情绪,首先就是要让他清醒地意识到情绪失控了。例如某个同学不小心碰到了ZR的桌子,他的第一反应不是去问清原因,而是非常生气地认为同学就是故意的,简单粗暴地给对方的桌子来上几脚,然后觉得很解气。

ZR是个过分自尊的孩子,讲一些大道理根本起不到任何作用,还须对症下药,我初步归纳出如下方式:

一是让 ZR 认识情绪失控的危害；二是告诉 ZR 解决问题才是目的，而不是采取极端的行为方式；三是帮助 ZR 遇事冷静下来；四是教会 ZR 情绪控制的策略。

3. 给予 ZR 人际交往的指导

父母是孩子的第一个老师。孩子一开始就像一张白纸，他们通过模仿父母的行为来了解自己和他人，他们从父母的行为中学习如何与他人建立关系。ZR 从小习得的是攻击他人。对于 ZR 的这种情况，必须予以一些引导措施。好在 ZR 妈妈比较配合，我们一起携手从以下几个方面来改善他与同学的相处问题：

一是尊重他人。我告诉 ZR 和他妈妈，只有他自己先学会尊重别人，才能得到别人的尊重。老师和同学善意提醒他的时候，他只会恶狠狠地回应，这很不好。我告诉他妈妈，每个人是一个个体，有他待人接物的做法。行动或者说话的时候，要适当考虑各种因素，不要肆意妄为。人与人之间的互相尊重，会让人开心。彼此可以商量着解决事情，而不必大动干戈。在尊重别人的同时，也做到了尊重自己。

二是注意言语上的技巧。ZR 说话太过粗糙，经常是脏话不离口，但他不认同自己的行为或直接或间接地伤害了同学的自尊心。这破坏了他在同学心目中的形象，因此，对于 ZR 来说，他还需要学会话语沟通的技巧。

三是学会为别人着想。ZR 缺乏与同龄人接触的经验和技巧，从不为他人考虑。ZR 自私、任性，导致同学关系紧张，矛盾加剧。因此，当他的看法和做法与他人冲突时，不能一味地去找别人的原因，先要试着去找自身的原因，不要老想着推卸责任。

四是教导 ZR 正确的交往策略。在一次交流中我告诉 ZR，对待自己不喜欢的人和事，攻击是最糟糕的解决方式。无论如何，孩子应该要有良好的人际交往能力和解决问题的能力。

四、针对个案学生的系统干预与跟踪监测

某一天的课上，班长忽然跑进我的办公室，说 ZR 在语文课上扰乱课堂纪律,语文老师予以制止后,他反而大声叫嚷、拍打桌子,影响同学正常上课。因此,语文老师叫班长来找我把 ZR 带走。我去了之后,他喊叫得更凶了。

鉴于他这种强烈反抗的行为,我不能采取生拉硬拽的方式把他带走。在和语文老师商量之后,我走到 ZR 旁边,低声说:"ZR,老师没说你犯了什么错,也不会现在就把你拖出教室。我继续让你在这里听课,但条件是你得好好地坐在位子上,不影响其他同学。"ZR 没有回答我,我说:"那我就当你答应我了,我先回去。"我走之后教室又恢复了平静。下课后,我看到他在和同学玩耍,就把他叫到了我面前,询问情况。他已经冷静了许多,情绪也缓和了下来。我没有批评他,而是教导他发生类似事件时,不要那么激动,我不会当着同学的面把他带走,让他被同学嘲笑,只要他能够冷静下来就是进步。

可惜事与愿违,没过几天 ZR 遇事暴躁易怒的老毛病又犯了。他和班里的一个女生大打出手,对于 ZR,我给他分析了他的错误,让 ZR 和这个女生冷静过后互相给对方道歉,并且让 ZR 试着在情绪失控时管住自己的嘴和手,每成功一次我就奖励他一颗巧克力。我要多给 ZR 一些激励,让他能够控制自己的脾气,从而改善他在同学心目中的印象。

五、个案思考

几天的约束力消失之后,他又依然故我,开始管不住自己了:例如课间无缘无故拍打同学的头,拿脚踢踢人家的书桌,骂上几句脏话;上课时用瓶子很用力地敲桌子,影响课堂,成绩也越来越差。他之所以成绩老是上不去,上课不听讲应该是最主要的原因。上课时,他从来没有坐得端正的时候,总是歪着身子,靠在墙边,做自己的事。但和之前相比,他的总体表现有所进步,我对他负向行为的干预起到了一定的效果,还需要进一步加强引导。

作为一名班主任,我深感仅仅教好学科知识还不够,还需要密切关注学生的身心发展。在对待家庭情况比较特殊的孩子时,必须有足够的耐心与爱心,要认识到个体的特殊性,对症下药,采取合适的干预方式。对于ZR的成长与学习,我期待着。

个案 17 积极介入孤儿的"自我污名"
——极端特殊家庭学生负向行为的早期
识别与系统干预的个案研究

俞慧洁

一、个案选择:孤儿的"自我污名"行为的早期观察与描述记录

1. 主要情况

L的母亲在他小学的时候去世了,他一直跟着父亲生活,后来父亲又再婚。在L八年级的时候,父亲突然去世,他成了孤儿。外公和继母,曾经因为抚养权和房子的问题产生过争执,后来抚养权归外公。现在L跟外公外婆一起居住。外公外婆原住在杨浦,为了照顾他,现在跟他一起住在学校附近的小区里。住在附近的小姨偶尔也会过来看看L。他现在的学费由外公外婆出,而家教费由L舅舅支付。由于舅舅住在外区,平时学习上和生活上也无暇顾及他。外公外婆负责日常照料,小姨偶尔来看望和关心一下他的学习,舅舅负责他的学费,所以在物质上,L其实并不缺乏,甚至比一些正常家庭孩子有更多的零用钱。但由于缺少父母的关爱,他渐渐没有了学习和生活的目标,对自己的要求一再降低,甚至到了无所谓的程度。

2. 主要行为表现

(1)经常无故迟到。在他身上,有着很多后进生普遍有的缺点,比如自律性比较差。八年级上学期,我刚接触L时,早自修他经常迟到,问及原因,说是家里没有人叫醒他,上学迟到基本是家常便饭。他在学习上比较散漫,作业订正经常不能按时完成,即使老师一再催促,也是拖了又拖。

（2）对自己没有要求。从某周开始，我突然发现他就一直不交网络上的作业了，问了原因，他说因为考试成绩不好，手机被外公收掉了，所以无法完成网络上的英语作业。后来经过了解，外公说他在家里做作业的时候，手机经常拿在手里，也不知道是在做作业还是在打游戏，所以只能收掉。他因此堂而皇之地不交作业了。

（3）不守信用。渐渐地，我发现他答应的事情经常做不到，但依然轻易承诺。有次上课，当着全班的面，他说今天把英语默写订正好，放学前交到办公室，并且保证完成任务。可是，我等到放学，他还是没有交作业。我去教室找他，他已经回家了。有了第一次，就有第二次、第三次……第N次。

（4）待人接物比较冷漠。L是一个学习习惯差、学习不积极的后进生，各科成绩在班级中垫底。他基本没有学习目标，对于老师的苦口婆心，无动于衷。

对于L，我和几位老师的感觉是，这个孩子，本性纯良，就是身上的习惯不太好，家里也没有大人正确引导他。外公外婆已经年迈，舅舅和阿姨虽然物质上可以给予他很多，但是并未真正进入他的内心世界，看看他在想些什么，而他和亲戚之间也缺乏一定的沟通。

二、访谈分析

鉴于L的异常行为，我们又做了一些相关的访谈，为了全面了解他的情况，我们分别选取了L本人、其他学生、L家长、家委会成员、L班主任、副科老师代表进行访谈。从访谈中了解到，L的同伴关系一般，成绩较差，没什么学业压力，没有学习和生活目标，对自己的要求一再降低。他性格内向，不愿与他人交流，遇事消极躲避和拖延，符合逃避而说谎型负向行为类型。

三、孤儿的"自我污名"的早期识别与原因分析

1. 早期识别

像L这类孤儿的表现，被称为"自我污名"行为。失去双亲的学生少之又少，在这样的情形下，孤儿觉得自己跟周围的同学不一样。如果有人关

心他，他又觉得别人是在可怜他，容易产生抵触的消极情绪。还有一些孤儿，平时学习情况就不太理想，在消极压抑的情绪下，更容易自暴自弃，产生消极松懈的心理，会觉得自己一事无成、一无是处。

2. 原因分析

（1）自身原因。像 L 这样失去双亲的学生，在学校中非常罕见，他们容易感觉低人一等，存在自卑心理，生怕其他同学看不起他们。他们没有安全感，更缺乏振作的勇气和毅力，对现实退缩，并且精神脆弱。

L 一直对于学习没有兴趣，内心的话也不知向谁诉说，久而久之，就形成孤独心理。小学时，他失去了母亲，中学时父亲意外病逝，使他更加孤独，更加以自我为中心，更加不愿与周围的同学交往。与他人的合作意识和能力较差，他很少考虑他人的感受。

由于孤儿对周围世界的不关心、不信任，就非常容易对亲戚朋友产生对抗情绪，在失去双亲后，L 对于关心他的人无所适从，更是产生了逆反心理。别人一些善意的举动，往往会使他产生抵触情绪，从而放逐自己。据调查，部分有这种心理的孤儿还会违规违纪，有时候他明明知道老师是为他好，但就是常常怀疑对方。

失去双亲后，孤儿通常会需要更多的关注，但旁人精力财力有限，对孤儿的关心往往是不够的。有些孤儿学习基础较为薄弱，自律性较差，甚至不求上进、得过且过，很难在学习上获得成就感，无法自我监督和管理。

他们失去双亲后，倍感伤痛，封闭自己的情感，在学校和家里整天无精打采，总想逃避现实生活，不能正面积极地面对生活。

（2）外部原因。L 从小失去母亲，由于父亲平时工作繁忙，根本无暇顾及他的学习与生活，又缺少沟通。后来，父亲意外离世，使他突然成了一个父爱母爱都缺失的孩子。尽管生活上他有外公外婆的照料，学习上也有舅舅和小姨的监督，但在孩子心中，仍有遗憾。家庭完整性的缺失，是影响他心理健康的重要原因。L 平时在学习上比较散漫，作业和上课都不够认真仔细，给老师和同学形成了一定的负面印象，使他自暴自弃。

四、个案学生的针对性矫正与系统干预措施及环境建构

1. 长期计划

一是需要与孤儿的监护人沟通正确的家庭教育方式。老师首先要帮助监护提高教育信心,让监护人了解科学的教育理念和 L 的内心所想。我多次与 L 的外公联系,及时分享 L 在学校的表现,肯定他在为人处世方面的优点,同时指出他在学习上态度还不够端正,积极性还不够,L 的小姨和舅舅除了物质上的适当给予外,还要关注他的心理变化。

二是使他感受到集体的温暖,让他与周围世界有交集,帮助他恢复信心和对生活的热情,希望他学会独立,学会自爱,增强自律能力,提高自身要求。

2. 短期计划

一是嘱咐老师和班上的学生平时多关心 L,让他感受到集体的温暖;及时联系监护人,希望监护人在生活中多多注意细节,关心他的一言一行,使 L 通过正常的方式释放压力;对他的负面行为加以指正,适时进行一些心理辅导,逐渐引导他改掉不良习惯。

二是为他制定一份科学的行为控制计划,监督实施,可涉及日常行为表现、待人接物等方面。

五、针对个案学生的系统干预与跟踪监测

1. 第一次介入

2017 年 3 月,我选他做课代表助理,让他提高英语学习的热情,提升自我存在感和成就感。

一直以来,对于 L,很多老师包括我在内,都觉得他是一个秉性善良的孩子,积极参与班级劳动,各种脏活累活也能独自完成。只是由于外公外婆精力不够,无法顾及他,所以他对自己要求不高。其实在很多时候,只要稍微用点心,他还是有提升空间的。正好我的一个课代表转走了,我就想到了他。于是,我问他是否愿意做课代表助理,他眼睛突然一亮,脸上一喜,说:"好的,我非常愿意。"自那以后,他替课代表搬作业、课前擦黑板,非

常积极。在课上,我也经常肯定他作为课代表助理的工作表现。

通过这次介入,他作为课代表助理的表现尽心尽责,比起以前,上课的积极性有了提高,但是由于学习基础落后太多,在作业和订正上他并没有多大的起色。

2. 第二次介入

2017年10月,我通过与L外公沟通,进一步了解他在家里的表现,希望他能不断改掉缺点。

由于L自身的惰性,新学期开学不久,他又产生了对于学习的倦怠感,作业随意性较大,心情好的时候,做得很整洁,心情不好的时候,就索性抄作业,订正拖拉的现象又出现了。

班主任及时叫来他的外公,想了解一下他在家的情况。我一起参与了与他外公的交谈。从他外公那里了解到,进入初三,只有舅舅、小姨的话他还听得进去。他舅舅也说了,就这么一个外甥,成绩不太好,给他补补课,钱他出,希望他能有点出息。外公说,之前他小姨把他接过去,在她家看着他写作业,后来L没去他小姨那里,估计作业就乱做了。我想,这孩子在有人管着的时候态度还是积极的。所以,我和班主任一起跟外公协商,是否能多让小姨和舅舅来盯着他。

之后,我又找来了L,说明了我的意图。通过这次交流,我发现他还是期望上进的,也渴望得到别人的关注和肯定。当有人关注他、关心他的时候,他也希望能表现得好一点,反之,当没人注意他的时候,他就自我放弃了。

3. 第三次介入

2018年1月,我希望通过与L小姨的交流,进一步促进家校互动,沟通学生在家在校的表现,期待他能在寒假和初三下学期稳定好心情,积极准备中考。

为了让他在初三下学期能有一个好的开头,我和L小姨有了一次电话交流的机会,并和他小姨探讨了他的中考志愿问题。他小姨清楚他的成绩,对于他能否考上高中也不抱什么希望,就希望他能顺利毕业,考个好点的技校,学一门技术。我说,他的成绩的确不太理想,但是如果自己努力,家里配合,考个好点的技校还是有希望的。但是现在的问题是,他上进心不足,考分不理想,这对他是个打击,希望小姨在家做好开导工作,并在寒假中不要放松对他学习和生活的监督。

我也找到L,对他提出了寒假学习的要求,并且希望他寒假作业不要拖拉,下学期默写订正及时提交,同时制定自我评分表,看看自己一周的表现到底怎么样。他看了看我,稍有犹豫,并不表态。我说,小姨和舅舅都希望他能考个好点的学校,我相信他能改掉懒散的毛病,成绩会"蹭蹭"上升的。他低着头,红着脸,决定试试看。

通过这次介入,我们希望他在学习态度上能有一个质的改变,同时希望他通过自我评价来约束自己,尝试改掉问题。

4. 第四次介入

2018年5月,我跟L本人进行交流,了解他最近一段时间的想法,并舒缓他对于中考的紧张情绪。已经进入最后的迎考冲刺阶段了,通过前面几次的深入沟通,在学习上他能自己完成作业,在英语默写方面也有起色。由于已经完成了第二轮复习,他对于考试的内容和题型已经初步掌握,在平时的摸底考试中,基本能够达到及格分,他也有点自信了。

放学之后,我把L留下来。我问他最近学习上有些什么问题,他笑着说,默写单词感觉比以前好了,但是阅读和作文还是要再提高。然后我询问了他对于中考有什么想法。他说他有点紧张,感觉心里没底。我开导了他一番,他听后感觉松了一口气。我又跟他聊了家里的近况,最近因为临近中考,小姨也时常陪着他,他挺感激小姨的关心和舅舅的资助。

通过这次交流,我发现中考前L的心理状态还是不错的。我感到些许欣慰。

六、个案思考

其实,类似L"自我污名"的行为,在平时的教育教学过程中,还是会碰到的,但是如何处理这类问题,一直让我们老师比较头疼。

首先,学生的家庭背景都不一样,造成每个学生的个性和心理状态也都不一样。我们老师如果想要积极地走进学生心里,必须要深入了解他。只有这样,才能找到问题的根源。

其次,在找到问题根源后,要寻求家长配合。家长才是孩子的第一任老师,而我们老师,更多的时候是家长和孩子之间的纽带与润滑剂。

再次,通过这个案例,我觉得孩子的心理状态会有反复,一两次的谈心聊天并不能解开他们的心结,所以,要进行长期交流。不达目的,不能放弃。

L的成绩还算如意,考取了中高职贯通的航空空乘专业。前不久,他还来母校看望了我们,侃侃而谈最近的学习情况。他感谢那个时候老师对他很严格,不断鞭策他,没有放弃他,使他考了一个这么好的专业。作为老师,我们都很开心。他私下偷偷跟我说,英语对他很重要,他现在背单词比以前自觉了。看到他能有这样光明的前途,我前面所做的努力都是值得的。

八、学生负向行为的早期识别与系统干预的指导性制度

1. 指导思想

对多源型人口导入社区形成及背景作研究分析,通过问卷、访谈、观察等方式,对学生负向行为进行早期识别;结合已有研究与我校实际情况,对学生负向行为进行分类研究;对于负向行为的有效指导策略和方法,要立足教育、重在预防;获得规律,并进行系统干预,减少或避免学生因心理问题而引发伤害性事件。

2. 组织架构

学校成立"学生负向行为的早期识别与系统干预课题研究团队",团队由校长领导,科研室主任、各年级组长、各班主任、课题组成员及心理老师共同组成。

研究团队的职责是：全面规划和指导我校"学生负向行为的早期识别与系统干预"的课题研究工作，督促相关部门认真履行职责，制定研究方案，落实课题进程，对课题研究及学生负向行为的早期识别与系统干预的具体任务作出决策。

全体教职工在学生负向行为的早期识别与系统干预课题研究中均有责任和义务。

3. 具体原则

① 面向全体师生的原则；

② 识别与预防相结合原则；

③ 尊重和理解学生原则；

④ 个别化指导研究原则。

4. 具体实施

① 根据课题的计划流程，按时间分配相关任务；

② 研究学生负向行为的五种倾向类型及其表现形式；

③ 分配人员和指导细则，对学生的负向行为作进一步深入研究并及时调整工作进度；

④ 以案例研究为主，个案的选择要依据问卷而来；

⑤ 对个案的家庭情况、个性特征、特殊原因等进行分析；

⑥ 针对性措施与系统干预及环境建构，如任课老师、班主任、家庭、社区要对学生负向行为的成因进行干预；

⑦ 跟踪干预，上述人员分时间段落实工作，写好阶段性跟踪报告；

⑧ 及时反馈，对同学、老师、家长等进行访谈，对干预的可行性进行反馈。

5. 备注

研究团队做好资料收集与材料保留工作，并负责对个案的整个研究过程进行认真梳理、总结分析，以备今后参考。注意对研究过程中所涉及的干预对象的各种信息进行严格保密。

第三章 研究的成效与思考

一、多源型人口导入社区学生负向行为的不良影响得到显著改善

通过一系列的干预措施,负向行为学生的能力得到提高,课题组对这些学生的现状进行评估,通过家长、老师、学生共同参与的评估方式,得到了如下统计数据:约 90% 的负向行为学生都有进步,其中 26% 的学生进步很大,在沟通交往、社会适应等方面的能力提升明显,见图 3-1。

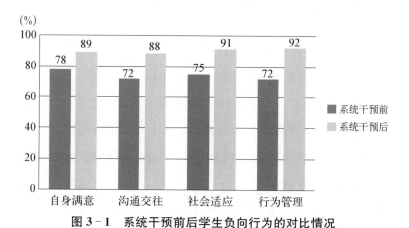

图 3-1 系统干预前后学生负向行为的对比情况

进行干预以后,大多数学生的负向行为得到了改善,攻击性、破坏性行为大幅度减少,个别学生的情绪控制力有了改善。我们的训练和教育是循序渐进的。只要我们不放弃任何一个孩子,他们定会走向成功的彼岸。早

期干预,对学生发展是非常重要的,只要老师能够提供高质量的教育训练,对于学生负向行为的改善就会大有好处。

二、老师对于多源型人口导入社区学生负向行为的教育能力得到提升

我们老师对学生负向行为的认识也有一个从无到有、然后逐渐增强认知的过程。在实践中,老师的探索越来越积极主动。课题组成员通过查阅文献、调查访谈等,深入了解学生负向行为的具体表现,认识其发展规律。在教育中尊重学生的主体性,发挥他们的主动性和能动性,努力提高学生的可持续发展能力。通过课题研究,老师对于负向行为的教育干预,形成了比较成熟的方法,对于学生的问题,老师能明确目标行为和训练方法。课题组成员在研究实践中还根据学生的实际情况,灵活运用各种方法,并有所创造。

老师的专业化素养得到提高。对于负向行为学生的教育是一项全新的尝试,所有老师都自觉投入研究中,通过主题培训实践和交流反思,大家明白对于学生的负向行为要重点关注,帮助学生找到自信。在这一过程中,老师对课题的认同感提高了,也找到了专业发展的方向。

通过课题,老师的德育能力得到提升。转变教育观念,正确认识负向行为学生的情况,选择和制定干预策略,并通过各种访谈和个别化教育来实施干预,过程中发现学生的潜能和优势,帮助学生改善行为。这既丰富了老师的教学方法和教育策略,也丰富了学生德育的手段,为老师积累了丰富的案例。

在研究过程中,课题组成员参加各类市级、区级论文、调查报告等的评选活动,获得多项佳绩。

三、多源型人口导入社区学生负向行为早期识别与系统干预的研究反思与讨论

本课题的研究立足个案，样本量还比较少，是否具有普遍性和推广性，如何推广这些教学教育方法，让更多可能有负向行为的学生受益，是下一个阶段需要思考的问题。

对于负向行为学生的教育是一个棘手的问题，国内外相关的教育资源很少，所以在实施干预的过程中，作为一线老师，我们在不断地尝试和失败中积累了一些经验。在这个过程中，我们深入思考，对于学生负向行为的干预，要从学校实际出发，从家长对于孩子的期待出发，从教育的本质出发，汲取更先进的干预方法，与学校的德育工作、教学科研相结合，设计出更有针对性的策略。

在课题实施过程中，我们明显感到对于评估学生的负向行为还缺乏相应的知识储备，我们急需更专业的知识和帮助，需要专业人士加入并指导我们的研究。

我们的研究是以学生在学校的生活为主，对其家庭略有研究，但不够深入。学生的培养，应该是学校、家庭、社区乃至社会的共同责任，所以这些单位都应该纳入课题研究的视野。